改革　待ったなしの大相撲

―二〇一一年以降の大相撲と新公益法人化の動向―

酒井治郎

郁朋社

はしがき

日本相撲協会が２０１１年に力士や協会関係者の野球賭博、力士暴行死事件など続出した不祥事に対処するため、外部からの協力を得て改革に動き出した。それ故に、以降の同協会の動向と大相撲に関心が高まるのは当然であろう。

あるメディアが11年の年頭にあたり、大相撲改革に関する発言を相撲関係者などに求める企画をした。そこに登場した関係者の多くは、相撲人気の低迷が何よりも気懸りのようで、人気回復策を論じることに終始していた感は禁じえない。

観客の動員と、そのためのファンサービス面に力点を置き、学校教育に相撲を取り入れてもらい年少者の相撲人口を増やすことに言及する論調が前面に出ていた。その一方で、日本相撲協会や力士会などの内部の改革充実に向けての提言は皆無で、従来から一部の週刊誌等で話題になった八百長・無気力相撲を不問に付しているように思えた。

筆者は『二一世紀初頭十年の大相撲─無気力相撲と不祥事・難題続出に寄せて』（文芸社）を公にした後も、同様な体裁を踏襲しながら、２０１１年初場所について新たに部屋別の成績にもふれるような内容の著作を構想していた。その矢先に大相撲の八百長メール事件が発覚したのである。

これまでにも、繰り返し指摘されてきたにもかかわらず、裏付け証拠が得られず解明されなかった大相撲の八百長疑惑は、携帯メールによる「証拠」が明るみに出て、前年に続出した野球賭博問題などの不祥事よりも一層大きな問題を露呈した。

その際に相撲ファンの多くが八百長メールなどに驚かず、「やっぱり（八百長が）あったのか」という感想をもらしたのに、相撲協会の理事長をはじめ、メディアでよく見かけた相撲評論家と称する人のなかにも八百長があったとは信じられないと語った人がいたのには驚いた。

このような状況をみるにつけ、筆者は再度、拙著を公刊する衝動にかられた。

そこで各場所の前評判や千秋楽に給金の懸った力士の勝敗を追い、各場所を回顧することに力点を置きつつも、発覚した八百長疑惑や２０１２年２月の理事長選挙をはじめ、盛り込まなければならない内容も多くあるので、つぎのような順序でまとめようと考えた。

まず、2011年の初場所と、その直後に発覚した八百長疑惑の状況を「I」で、また11年の春場所開催中止を経て再開後の11年の4場所を「II」で整理している。そして理事長選のあった12年については、「III」を充て、そこでは6場所の大相撲と理事長選に言及している。

もともと、2013年7月の名古屋場所までで、大相撲再開後、各場所が2巡（12年5月の技量審査場所を含む）することや、相撲協会が新公益財団法人へ移行するか否かも、この（13年7月）頃には判明すると考えていたので、このような点を「IV」で記す予定でいた。しかし、13年については、大横綱大鵬の死去など、ふれたいことが多くなった。それで「IV」を「大相撲改革期・2013年の序盤」として新公益財団法人化へ向けての相撲協会の姿勢をはじめ、初場所、春場所などを取り上げ、さらに「V」（「大相撲改革期・2013年の中盤」）では、5月の夏場所と7月の名古屋場所のほか、公益法人制度改革対策委員会の討議状況の疑問点を明らかにし、新公益財団法人化については、認可申請にかかわって詳しく論じる必要があるので「VI」として付け加えた。

改革待ったなしの大相撲／目次

Ⅲ　理事選と2012年の大相撲　73

改革待ったなしの大相撲

Ⅰ　２０１１年の初場所と八百長疑惑発覚

1、白鵬の特別表彰で明けた11年初場所

（1）大関よりも期待されそうな2人の関脇

前年末の力士会で日常生活の危機管理についての講習会が開催されたが、その発案者と伝えられている横綱白鵬は、６場所連続優勝の懸る初場所の初日、63連勝をたたえられて横綱審議会から大鵬、北の湖、千代の富士に続く特別表彰を受けた。

土俵の内外を問わず角界を引張る一人横綱白鵬が２０１１（平成23）年も大相撲の話題の中心になりそうに思われた。

先場所、白鵬の連勝記録を阻止し、名をあげ、場所前の稽古量も多く心身共に充実していると評判の稀勢の里と、同じく関脇に復帰した琴奨菊には大きな期待が寄せられていた。

それだけに４大関にも奮起が望まれた。

（2）千秋楽給金相撲力士の勝敗

初場所千秋楽に７勝７敗で土俵に上がった十両以上（関取）13力士のうち給金相撲同士の十両２組を除く９力士の結果は、つぎのように７力士（幕内６、十両１）が勝ち越し、十両の２力士が負け越しとなった（７勝２敗）。

勝〈幕内〉

○豊ノ島（東1）——玉鷲（西3）「5・10」
○豊真将（東4）——鶴竜（小結）「8・7」
○豪風（東7）——豊響（西15）「9・6」
○若の里（西9）——光龍（東12）「8・7」
○翔天狼（東11）——琴春日（西13）「8・7」
○蒼国来（東16）——高見盛（東9）「6・9」

勝〈十両〉

○明瀬山（西10）——若天狼（西6）「5・10」

負〈十両〉

×宝智山（東10）——春日王（東2）「12・3」春日王、優勝争いの結果、優勝

×千代白鵬（東13）——高　安（東3）「9・6」高安、入幕の可能性大

「給金相撲同士の取組」

〈十両〉　勝　————　負

富士東（西13）——境　澤（西3）

安壮富士（東8）——剣　武（東14）

（3）白鵬の6場所連続優勝と大関候補の活躍

初場所14日目に18回目の優勝を6場所連続優勝で決めた白鵬は、千秋楽の朝には第3子となる次女の誕生もあり、また、表彰式後には入門時から指導を受け、場所前の名跡変更で部屋の師匠になった宮城野親方（元前頭・竹葉山）とともに写真に納まり、めでたいことが重なった。

予想通りの白鵬優勝で終わったとはいえ、2関脇の、それも日本人力士の活躍は頼もし

かった。

先場所に続いて白鵬を破り2場所連続の殊勲賞受賞の東関脇稀勢の里（10勝）と、11勝を挙げ技能賞を手にした西関脇琴奨菊には早く大関の座を射止めることを願う。

2関脇が2けた勝利を挙げたのは、02年名古屋場所の朝青龍（あさしょうりゅう）と若の里以来8年半ぶりといわれており、24歳の稀勢の里と26歳の琴奨菊には、この場所の好成績を無にしてほしくない。

桐山部屋が初場所千秋楽で閉鎖となり、師匠桐山親方（元小結・黒瀬川）と幕内徳瀬川ら力士が同じ立浪一門の朝日山部屋へ移籍した。

1995（平成7）年に桐山親方が創設し、三役目前の最近、頭角著しい徳瀬川を育んできた。しかし、現在では力士が5人と少なく、充実したけいこができないので、力士のことを第一に考え、部屋閉鎖に踏み切ったのは、桐山親方らしい決断とはいえ、惜しまれる。

（4）部屋別勝越数・勝率トップテン

この場所では、勝越数の部屋別トップテンは、つぎのとおりであった。（また、勝率の部

屋別トップテンを併記した）

順位	部屋名	勝越数	勝・負	出場力士	（勝率）割分厘	勝率トップテン
1	宮城野	19	45・26	9	638	①
2	佐渡ケ嶽	15	117・102	29	(534)	
3	九重	14	81・67	20	551	⑩
3	友綱	14	50・36	11	581	④
5	高砂	13	49・36	11	576	⑥
6	阿武松（おうのまつ）	12	77・65	17	(542)	
7	錣山（しころやま）	11	85・74	20	(534)	
8	立浪	10	58・48	14	(547)	
8	花籠	10	51・41	12	554	⑨
8	入間川（いるまがわ）	10	36・26	9	580	⑤
8	松ケ根	10	34・24	10	586	③
8	朝日山	10	33・23	8	589	②

放駒(はなれごま)	(8)	32・24	8	571	⑦
中村	(7)	28・21	9	571	⑦

なお、部屋別の勝越数と勝率ともに第1位であった宮城野部屋の出場力士とそれぞれの成績は、つぎのようであった。

〈宮城野部屋〉

横綱　白鵬　14勝1敗　幕内優勝
幕下　龍皇(りゅうおう)　3勝4敗
三段目　光法　4勝3敗
同　宝香鵬(ほうかほう)　4勝3敗

序二段　大和田　3勝4敗
同　猛十八(たけとば)　3勝4敗
同　樹龍(きりゅう)　6勝1敗
同　白海竜(はつかいりゅう)　3勝4敗
序ノ口　香川　5勝2敗

2、八百長相撲とその対応をめぐる問題

（1）無気力相撲と八百長相撲は同じか否か　―「人情相撲」を不問に付してよいか―

日本相撲協会は、１９７２（昭和47）年に「故意による無気力相撲懲罰規定」を施行した。しかし、審判部・審判員から無気力相撲と指摘された力士が体調不良だったという理由で罰せられなかったケースを見聞したところからすると、無気力相撲とは対戦する片方の止むをえない事情によるものと解され、「故意」ではないとして、この「懲罰規定」が適用されることは皆無であったといえよう。

また、物わかりのよい相撲ファンのほか、現役の親方のなかにさえ、星の貸し借りは八百長ではないと理解する人も存在するようだ。もちろん、金銭授受があろうがなかろうが、星の貸し借りも八百長には違いないと見るのが支配的であるが、武士の情けが取組に出る人情相撲を、八百長かどうかを問わないところに、大相撲には「うさんくさい」ものが常に付きまとっていたのである。

ところが、大相撲界を揺るがした野球賭博事件の捜査過程で浮上した八百長相撲疑惑が

2011（平成23）年2月3日の新聞紙上に大きく取り上げられ、春場所が中止になった。それ以降「事実の徹底調査」の結果、日本相撲協会は、4月1日に臨時理事会で、特別調査委員会が八百長に関与ありと認定した23人（力士21人、親方2人）のうち、自ら関与を認めた1人の親方と2人の力士を「職務・出場停止2年間」とし、そのほかの関与を否定している19人の力士と1人の親方に「引退・退職勧告」という処分を決めた。（その後、5日までに23人中、21人の力士と1人の親方は、「引退・退職届」を提出し、自主的な引退・退職＝退職金支給＝という形になり、関与を否定している1人の親方は退職届を出さなかったので解雇ととなった。）

また、未だ疑惑が残るといわれていた約10人のうち2人の力士にも同年4月11日に日本相撲協会は、新たに「引退勧告」をしたが、引退届を提出期限である13日までに提出しなかった当事者2人については、解雇という処分にしながら、退職金を支給した。

その結果、八百長関与が認定され事実上の角界追放を受けた力士・親方は25人となる。

この間、八百長疑惑で処分を下された力士のなかの22人もが、八百長を強く否定する発言もみられたというところからすると、力士双方の八百長の話し合いが付け人などの間でなされたが、当の力士本人に通じず徹底しなかったケースもあったのではないかとの邪推まで生んだ。

もともと、金銭の絡む相撲を八百長相撲と解することには疑問の余地はないが、金銭の絡まない星の貸し借り、さらには、いわゆる人情相撲を八百長相撲と見るか否かは曖昧なままである。

さきにふれた八百長相撲を否認している22人を一律に引退・退職勧告した頃のテレビ番組で、ある女性弁護士が八百長相撲とはどのようなものをいうのか、はっきりさせる必要がある旨の発言をしていたのを見聞し、筆者は、思わず賛成と叫んだ。

同じテレビ番組で「相撲評論家」は、金銭の授受だけではなく、星の貸し借りも当然、八百長であるといいながら、いわゆる人情相撲については、八百長とは解しないような発言もみられた。

もっとも、大相撲関係者の間にさえも、無気力相撲と八百長相撲とは違うという見解と基本的には同じとする見解があるように思われる。

無気力相撲と異なり八百長はあり得ないと強弁してきたともとれるのは、かつて週刊誌の八百長疑惑報道に対して当時、理事長として賠償を求める訴訟を起こした北の湖親方である。この訴訟に関する詳細を長くなるが注記しておく。

（注）

まず、講談社の「週刊現代」（07年3月10日号）が大相撲の八百長疑惑を報じた記事をめぐって、日本相撲協会の北の湖理事長（当時）と同協会が提訴した名誉棄損訴訟で、つぎにみるように日本相撲協会が勝訴している。

75年の春場所千秋楽の結びと優勝決定戦の2番で北の湖（元横綱）が八百長をして故二子山親方（元大関・貴ノ花）に優勝を譲ったと報じた件に対して、09年3月5日、東京地裁（浜秀樹裁判長）は、裏付け取材の不十分さを理由に計1540万円の賠償と記事の取り消し広告を同誌に1回掲載するよう同社側に命じた。

また、同誌が07年2月3日号から連載した「横綱朝青龍の八百長を告発する！」などをめぐって、当時の横綱朝青龍ら力士30人と日本相撲協会が提訴した名誉棄損訴訟でも、東京地裁（中村也寸志裁判長）は、09年3月26日、取材がきわめてずさんであるという理由で、発行元の講談社などに4290万円の支払いと、記事を取り消す内容の広告を同誌に掲載するよう命じた。

このように2件とも日本相撲協会側が勝訴しているが、いずれの判決においても八百長そのものが存在するのか、どうかという点には触れていないので、これで疑惑が解消したわけではないことは誰れもが認めるところであろう。

ところが2011（平成23）年2月の八百長疑惑発覚当時、理事長の放駒親方が無気力相撲と八百長相撲は基本的に同じと語った。放駒親方は、さきの「懲罰規定」に八百長という文言がないにしても、「故意による無気力相撲」を八百長として罰する規定と解されているといえよう。

それゆえに、八百長防止が目的で施行されたはずの「故意による無気力相撲懲罰規定」を手懸りにして、不十分ながら無気力相撲の種々なケースを整理し、さらに多少とも詳しく言及したい。

まず、無気力相撲には、対戦する「片方の土俵上の問題の場合」（Ⅰ）と「双方があらかじめ示し合わせたとおりに勝敗を決める場合」（Ⅱ）に区別しうる。

前者の（Ⅰ）の場合には、①「故意」ではなく体調不良などの理由での無気力相撲も考えられ、そして②「故意」に（わざと）力を抜き相手に有利になるように仕向ける「人情相撲」を想起することができる。また、後者の（Ⅱ）の場合には、③金銭の絡まない星の貸し借りが伴う相撲と、④金銭の絡む相撲が該当する。

右の、①〜④のケースをまとめると、つぎのようになり、

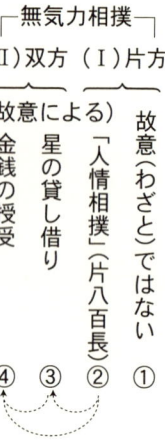

無気力相撲
- (Ⅰ)片方
  - 故意(わざと)ではない ①
  - 「人情相撲」(片八百長) ②
- (Ⅱ)双方(故意による)
  - 星の貸し借り ③
  - 金銭の授受 ④

②〜④を厳密に区別することの難しい点をも付記しておく。

「懲罰規定」にある無気力相撲を「故意による」という場合に限定し、「故意によらない」場合①が認められるとすれば、その場合に限り罰するわけにはいかない。したがって、さきの「懲罰規定」は、対戦する片方の故意による無気力相撲、つまり「人情相撲」②であれ、対戦する双方が示し合わせた「故意による」場合の星の貸し借り③と金銭の授受④であれ、それらのいずれにも適用される趣旨で設けられたと解されよう。

このようにみてくると、つぎのそれぞれの時期にメディアも取り上げ、なかには裁判にもなった取組が八百長相撲と疑われたのも当然である。

古くは１９６３（昭和38）年秋場所千秋楽の柏戸・大鵬戦をはじめ、１９９５（平成７）年九州場所千秋楽の若乃花・貴乃花の優勝決定戦や２００１（平成13）年夏場所千秋楽の貴乃花・武蔵丸の優勝決定戦、さらには、２００９（平成21）年夏場所千秋楽の千代大海・把瑠都戦は、いずれも敗者が体調不良などとは考えられず、「故意によらない」無気力相撲というよりは、「情」のからんだ「故意による無気力相撲」＝八百長の疑惑を生む余地が多分にあったのである。（なお、右の若・貴戦と貴乃花・武蔵丸戦については後述する）

ところで、現役の師匠や親方のなかにさえ、金銭授受のある④のような場合を八百長相撲と解し、金銭授受のない星の貸し借りの③のような場合をも（「人情相撲」②とともに）懲罰規定の適用外と理解するような発言もみられたという。また、八百長を仲介したとされ、処分を受けて引退した恵那司が公表した謝罪文では、「番付上位の関取からの命令は、番付下位の力士にとって絶対」で「非常に不本意だったが、番付上位の関取に逆らうこともできず、無気力相撲の伝達役を引き受けることになった」という経緯が明らかにされているのは周知のとおりである。

それゆえに「故意による無気力相撲」を経験したことのない力士や力士ＯＢはごく限られているとみるのが常識であろう。

このようにみてくると、星の貸し借りや人情相撲を八百長相撲ではないとし、「故意による無気力相撲懲罰規定」の適用を受けないとすれば、真剣勝負の相撲が大相撲の世界から駆逐される恐れなしとはしない。したがって、金銭授受のあった場合のみならず、星の貸し借りの場合や人情相撲の場合のいずれも「故意による無気力相撲＝八百長相撲」と解するのが、さきの「懲罰規定」の趣旨にそうものであるのはいうまでもない。

ところが、「故意による無気力相撲懲罰規定」を設けておきながら、１９９５（平成７）年九州場所千秋楽の若乃花・貴乃花の優勝決定戦と２００１（平成13）年夏場所千秋楽の貴乃花・武蔵丸の優勝決定戦を仕組んだのは禍根を残すことになったといえよう。

第２次世界大戦後になって、一門の力士同士の取組みを認めた後も、同部屋の力士同士の取組みを認めることに踏み込まなかったのは、故意による無気力相撲を避けるためにも当然であった。

興業的には成功した若・貴戦は、現在の貴乃花が兄の若乃花との優勝決定戦を前に、父親の初代貴ノ花である先代二子山（ふたごやま）親方から八百長をするように示唆されたなどと週刊誌で報じられ、損害賠償などを求めて訴える事態を招いてしまった。それゆえに、相撲ファンにはまたとない魅力ある一戦・若貴戦ではあっても、「情」が絡んでも致し方のない同部屋力士同士の取組を避けることによって賜杯を兄弟二人に持たせる配慮があってもよかったと思う。

また、さきに示した貴乃花・武蔵丸戦での武蔵丸の相撲を「故意による無気力相撲」というには忍びない。相手の貴乃花は、相撲協会のトレーナーやかかり付け整体師から前日痛めた足の治療を受けて、師匠の心配を振り切っての強行出場であったという。それだけに武蔵丸が戦いにくいことを想像するに難くないし、事実、思い切りいけない。まあ負けは負けだけどという意味のことを語ったらしい。このような貴乃花の優勝には、メディアの報じたところによると、支度部屋で観戦していた大関たちもあっけにとられ、口を開けたままだったたという。

ボクシングのように、ドクターストップをかけるとか、審判員か協会自体が制止するルールの必要性を、あの貴乃花・武蔵丸戦で知る思いがした。

要するに、「故意による無気力相撲」＝八百長相撲を極力排除するためには、場合によっては同部屋力士同士の取組みを認めないことや力士の負傷・ケガの状態によっては、棄権させるか審判がストップをかけることなどのルール化を早急に実現させる必要がある。さらに日本相撲協会は、各力士に部屋への帰属意識を持たせ、部屋別の成績を重視する表彰制度を個人優勝や三賞の表彰に付け加えることによって無気力相撲を極力防ぐ工夫を追求してしかるべきであろう。いいかえれば、これまでの協会の無策・怠慢が八百長疑惑を繰り返し生んできたといわなければならない。

(2) 八百長疑惑と問われる処分のあり方

以前、八百長相撲を否定し裁判に訴え、証拠不十分で勝訴し賠償金まで得た日本相撲協会ではあったが、本場所中に勝ち負けを金銭で売り買いしていたと疑われる携帯メールの存在が知れ渡った（2011年2月）。その際に明らかになった八百長を「いままでになかった問題」といわざるをえなかった放駒理事長は、八百長相撲と無気力相撲を基本的には同じという見解をも示した。

ところで、無気力相撲・八百長相撲については、従来からいろいろ解釈の分かれるところではあるが、この度の八百長疑惑は、警視庁が以前の野球賭博に関連して押収した携帯電話のメール履歴に名前のあった力士に端を発し、調査員が聴取した関取ら92人のうち4

割近くの力士に疑惑が及んだようである。

メディアが報じたところによると、日本相撲協会の特別調査委員会が八百長をしたと認めている当時の竹縄親方（元前頭・春日錦）らの証言によって約20人を八百長関与の疑いきわめて濃厚と認定し、そのほかに15人も関与の疑いあり、という異常事態なのである。

ことここに及んで、どのような相撲を八百長と認定し、処分するかは簡単ではないが、八百長問題の解明にあたっていた日本相撲協会の特別調査委員会（座長＝伊藤滋・早稲田大学特命教授）は、２０１１年２月22日の同協会理事会で、事情聴取の際に関与を正直に認めたり、情報提供に協力するなどした力士らの処分を軽減するよう協会に提言し承認されたようだ。すなわち、協会は、それまで八百長関与者は除名にするという方針であったが、「故意による無気力相撲懲罰規定」を適用するにあたっては、一律に最も重い除名にするのではなく、調査に協力した者は退職金が出る「引退勧告」にとどめることを想定したらしい。

このように、情報提供に協力した力士の処分を軽減して犯人さがしに終始し、責任の所在を明らかにしない姿勢も問われなければならないところである。

また、八百長疑惑が発覚して間もない頃、日本相撲協会特別調査委員会が全協会員（9

９０人）を対象としたアンケート（故意による無気力相撲に関する調査）の回答で、「故意による無気力相撲が行われていることを見たり聞いたりしたことがありますか」との問いに対して、見たり聞いたりしたことがあると答えた協会員は６名であったと伝えられ、メディアは、その回答の少ないのに予想外と受けとめたようだ。

しかし、このアンケートに関しては、つぎの指摘をしておく必要がある。

まず、故意による無気力相撲というだけでは、その解釈がバラバラであったのであるから、アンケートでの回答を求める場合には、どのような相撲を故意による無気力相撲というのか、具体的に説明を要したはずである（説明できそうにないが）。その上に、いわゆる八百長を日本相撲協会が一貫して否定し、裁判でも勝訴してきたことでもあり、放駒（はなれごま）理事長も過去にはなかったといったのであるから、さぞかし、アンケートに答えなければならなかった協会員も困ったことであろう。

事実、「（八百長は）ないというしか、言えないじゃないですか」との横綱白鵬の発言は、多少、物議を醸（かも）したようではあったが、「八百長相撲について聞いたことも見たこともない」と答えた多くの相撲関係者・協会員の気持を代弁しているともとれる。

あのような不十分なアンケートやそれまでの経緯、さらには放駒理事長の発言があった上でも「故意による無気力相撲が行われていることを見たり聞いたりしたことがある」と6名もが答えたという事実は重大である。また、昔の慣例で番付上位の関取からの命令は絶対だったので、不本意ながら無気力相撲の伝達役を引き受けたという恵那司の謝罪文を知るにつけ、ガチンコ相撲でその名の知られている（知られていた）力士や力士ＯＢであっても、いわゆる人情相撲を経験していない者は皆無といってよいのではないか。仮にそのような人情相撲すらしていないという力士・力士ＯＢがいたとしても、無気力相撲を見て見ぬふりをした事なかれ主義で過してきたことに対する批判は、甘受しなければならない。

ところが、日本相撲協会は、２０１１年４月１日の臨時理事会で、特別調査委員会から八百長関与を認定された23人の力士、親方に対する処分を決めたが、このうち竹縄親方（当時＝春日錦）、千代白鵬、恵那司の３人は、自ら八百長を認めているが、他の20人は八百長への関与を否定しているのである。

このような状況のもとで、特別調査委員会は、八百長を認めている竹縄親方、千代白鵬、恵那司の３人の供述が具体的で一貫しているとして、そのうちの２人以上から名前が挙がった力士19人に引退勧告、１人の親方に退職勧告という処分案を作成し、それにそって日本相撲協会が処分を決めたようである。

なお、その段階においては、依然、調査対象になっているとされていた幕内蒼国来と十両星風に対して、4月11日の臨時理事会で特別調査委員会の答申通り、八百長関与を認定、引退勧告した（2人とも引退勧告を拒み法的手段を講じる事態に発展）。その結果、八百長関与が認定され、事実上の角界追放を受けた力士、親方は25人である。同時に、所属力士の八百長関与で監督責任を問われた師匠については、2階級降格＝2名、1階級降格＝14名、平年寄に3年間据置き＝3名の処分を下した。

そして、大相撲の八百長問題で日本相撲協会の特別調査委員会は、5月11日、一連の調査を終結することを決めた。その結果、日本相撲協会は、さきにあげた25力士・親方の事実上の追放と師匠19名の降格に留め、八百長疑惑問題を一件落着したようである。

たしかに、八百長疑惑力士の処分に携わった特別調査委員会の村上泰委員の発言にあったように、過去に行われた八百長については記憶が曖昧になり、供述証拠を得るのは困難であろう。

しかし、八百長問題で大騒ぎになったのは、八百長のあることを感じていた大衆に対して、国の監督下にあって税制上の優遇を受ける建前上、日本相撲協会が八百長はないと「うそ」をつき続けてきたことに対する憤りが爆発したものと受けとめなければならないのである。

それゆえに、この度の日本相撲協会の下した処分では、相撲ファンの協会不振を募らせかねない。というのも、特別調査委員会の調べたところによると、現金による星の売買は少ないらしいが、40万円という金額を示されたように、現金の授受があった事実を否定しえないし、星の貸し借りで精算するケースが多く、その場合も複数の力士との恒常的な常習者と、そのような常習ではない者とが存在したようであり、さらに力士に事情を聴取した過程では、関与が疑われる者として処分決定済の25人以外の名前も浮上していたが、裏付ける証拠が揃わなかったようで灰色の力士も存在するのは明らかだからである。

また、処分を下された力士、親方の対応に照しても、八百長疑惑問題の終結を見たとはいいきれないと思う。

八百長に関与したと認定され、退職勧告を受けたが、それに応じなかった当時の谷川親方（元小結・海鵬）が、準備した書面を読むようにして「退職届を出すことは（八百長を）認めたことになる。自らの気持に背いてまで従うわけにはいかない」と語るのがテレビの画面に映った。八百長関与を否定しながらも引退届を提出した19人は、同じ心境であろうが、現役引退時に退職金を受けている谷川親方と違って勧告を拒否できなかったのであろう。

メディアから知りえたところに限っても、引退勧告に納得できないまま引退届を提出した19人のなかには、部屋の親方や同僚・後輩力士にこれ以上、迷惑をかけたくないという話や、世話になった協会のもとで相撲が良くなるなら、犠牲になるという今後の大相撲への思いを語った力士もいたらしい。さらには、家族のこと、今後の生活のことを考えて、勧告を拒否すれば逸失する退職金支給を望み、勧告に従ったという力士もいたと察せられる。

そして、4月11日に八百長関与を認定され、協会から引退勧告を受けた幕内・蒼国来と十両・星風の2人は、八百長関与を否定し、引退届を期限までに提出せず、解雇処分(ただし、退職金支給)となったので法的手段に訴えることになった。

その間にあっても、週刊誌やテレビで繰り返される元幕内若ノ鵬の告白報道について特別調査委員会座長・伊藤滋氏の私見として調査対象としない考えも報じられた。

たしかに、大麻取締法違反(所持)で2008年8月18日に逮捕され、勾留中に日本相撲協会を解雇された若ノ鵬は、同年9月末に八百長を告発しながら、2ヵ月後には弁護士に勧められ、その八百長告発が虚偽だったという陳情書を裁判所に提出し、記者会見に臨んだにもかかわらず、八百長メール問題が発覚すると、また八百長をしたとメディアに語り、さらには本人が大相撲界に入る前に引退した力士（現役の親方）を高く評価するような発言を聞くにつけ、これまでの若ノ鵬の言動を取り上げるに値しない。

とはいえ、今後、繰り返し告発・告白の類があっても、無視でき、無効にしうるような何らかの「けじめ」を日本相撲協会はつける必要がある。

要するに、野球賭博以上に日本相撲協会にとって重大な八百長疑惑問題であってみれば、2011年4月1日に特別調査委員会が日本相撲協会に提出した第1次報告書にあるように「関与した力士やその師匠の責任より、日本相撲協会自体としての責任が最も重い」のは明らかである。したがって、過去にも八百長があり、それを黙認していたことを謝罪するとともに、理事長はじめ協会員の有給者が賃金カットはもとより、師匠・親方全員が厳しい処分に服し、相撲ファンに詫びると同時に、今後は八百長疑惑の告発などがあっても動じない体制を確立するのが大相撲再生の道であると自覚しなければならないはずである。

（3）疑惑解明と場所開催の是非問題

野球賭博問題が明るみに出た頃、間近かに迫っていた2010年7月の名古屋場所を中止するのは暴力団に屈することになるとか、事件の全容が明らかでない中途半端なまま興行を続ける方が暴力団には都合が良い、などという次元で名古屋場所開催の是非が語られてもいた。

しかし、その際においても、筆者は角界の抜本的な改革は至難の業（わざ）であり、数場所の開催中止ぐらいではまともな改革ができるものではないと思った。それゆえに3場所連続全勝優勝が懸り、47連勝の記録継続中の横綱白鵬をはじめとする力士の死活問題を最優先に考え、名古屋場所決行は妥当であったと論じたことがある。

2011年2月に発覚した八百長疑惑は、相撲協会にとっては、野球賭博事件以上に重大問題ではある。それだけに、また本場所開催の是非が話題になった。

日本相撲協会・特別調査委員会の伊藤滋座長は、野球賭博問題の経験からか、八百長疑惑を徹底して調べる必要上、当初から調査と本場所開催を切り離して考え、調査が継続中だから本場所を開催してはならないという立場を採らないと語った。

ところが、放駒理事長（元大関・魁傑（かいけつ））は、八百長メールの存在が明らかになって間もない2月6日の会見で、調査と関与者の処分が済まない限り、本場所を開催できないという方針を早々に表明した。

なるほど、65年ぶりで2度目といわれる本場所の中止は、相撲の本質にもかかわる八百長問題だけにやむをえないとするのが一般的なようでもあったのであり、日本相撲協会理事長・放駒親方も八百長相撲と無気力相撲は基本的には同じと解され、膿を出し切るといい、それまでは相撲はできない旨の発言をした。しかし、そのような理事長の決意を聞いた（知った）際に、それでは、いつになったら本場所が開催されるのかという不安を感じた。

事実、疑惑発覚時に名前の出た力士・親方14人のうち、正常な状態の携帯電話を提出したのは、7人だけで、個人情報の保護との関連で協力拒否もあり、そのデータ解析が難航している旨の報告が日本相撲協会の特別調査委員会・伊藤滋座長からなされたのである。

このようにみてくると、疑惑解明には、困難を伴ない長期化を余儀なくされるところであり、春場所の中止が決定した頃にはすでに5月の夏場所の開催をあやぶむ声もあった。角界の興行面における深刻な問題もあるが、なによりも600人もの力士にとって、2ヵ月に1度、年6場所と決まっているなかで突如として場所の中止を告げられただけに、精神的な支えをなくし、筋力低下、体重減などの不安は計り知れない事態であるのは明らかである。

それだけに、場所開催の中止は、よほど慎重でなければならないはずである。（もっとも２０１１年の名古屋場所開催が危ぶまれた当時より以上に深刻な問題であるだけに、中途半端に本場所を開催するについては反対の声も強かったのも事実であるが。）

３月８日には、日本相撲協会の運営に助言する理事長の諮問機関で政財界の有識者８人からなる運営審議会（会長・安西邦夫東京ガス特別顧問）は、本場所中止を続けると益々人気がなくなるのを危惧し、継続性を重んじ無期限中止中の本場所を５月の夏場所から再開するよう放駒理事長（元大関・魁傑）に要望したようである。

この要望に応えてか、５月には本場所の開催とはならなかったが、25人を八百長関与者と認定し、処分し、疑惑を払拭しきれたとはいいきれないなかでの技量審査場所として開催をみた。そこでは久し振りにウッチャリ相撲も見られ、開催してよかったという雰囲気があったといえよう。

このようにみてくると、さきの運営審議会の要望にあったように継続性を重んじ、相撲人気の維持・回復を願うならば、疑惑の持たれた力士を出場停止にしてでも、準備も進みつつあった3月の春場所も技量審査場所として開催する余地はあったであろう。

事実、春場所を無料開放で開催するなど、どのような形であれ、場所開催と八百長疑惑解明の同時並行を望んだ有識者も存在したのである。

Ⅱ　再開後の２０１１年大相撲４場所

１、夏場所に代わる技量審査場所

（1）白鵬の7場所連続優勝阻止は不可能か

２月に発覚した八百長問題に影響され、３月に予定していた大阪での春場所の中止に踏み切った日本相撲協会は、その後の八百長に関する調査が長期化・終結に至らないため、5月の夏場所については、本場所開催の運びとならず、７月予定の名古屋場所の番付編成のための技量審査場所として無料公開することになった。

八百長に関与したと認定され、角界から事実上追放されたのは幕内7人、十両10人をはじめ力士、親方25人にも及んだ。それだけに初場所以来4ヵ月ぶりとなる当の技量審査場所は、幕内が35人、十両が18人で、それぞれの取組数が通常よりかなり減ることになった。

とはいえ、成績は本場所と同様に正式記録として扱われるので、朝青龍に並ぶ7場所連続優勝（歴代最多）のかかる白鵬が注目の的となるが、琴奨菊、稀勢の里による両関脇の大関先陣争いもみものであった。

なお、この場所からは、十両以上の力士とその付け人らに対して、支度部屋への携帯電話の持ち込みを禁じ、また八百長相撲を監視する監察委員をも増員して東西の支度部屋や土俵下に配置するなど日本相撲協会は八百長再発防止策を講じた。携帯電話を場所に入る際には預けて、相撲を取らなければならない力士も不本意であろうが、過去の八百長疑惑を不問のまま、監視する立場に付く師匠・親方の心境も複雑であっただろう。

(2) 千秋楽給金相撲力士の勝敗

7勝7敗で千秋楽の土俵に上がった関取14力士のうち、給金相撲同士の3取組（幕内2、十両1）を除く力士の結果は、つぎのように4力士（幕内、十両各2）が勝ち越し、4力士（いずれも幕内）が負け越しとなった（4勝4敗）。

勝〈幕内〉

○臥牙丸（東14）――若荒雄（西10）「8・7」

○雅　山（東16）――旭天鵬（東8）「8・7」

勝〈十両〉

○大　道（東4）――富士東（西8）「9・6」

○玉飛鳥（西12）――佐田の海（東8）「5・10」

負〈幕内〉

×安美錦（西3）――豊真将（東2）「3・2」10休

×隠岐の海（東4）――鶴　竜（小結）「12・3」鶴竜、技能賞受賞

×若の里（西5）――栃煌山（西2）「4・11」

×木村山（東17）――玉　鷲（東6）「7・8」

「給金相撲同士の取組み」

〈幕内〉　勝――負

稀勢の里（関脇）――豪　風（西6）

時天空（西13）――豊　響（西12）

〈十両〉　勝 ―――――― 負

高　安（東1）――宝智山（西10）

（3）7場所連続19回目優勝の白鵬、また賜杯なし

２敗で千秋楽の土俵に上がった栃ノ心が日馬富士に敗れたため、白鵬の7場所連続19回目の優勝は、結びの一番を待たずに決まった。白鵬は結びで魁皇に破れ、珍らしく13勝止まりであった。また、白鵬は、２０１０年の名古屋場所（野球賭博事件に関連して）と同様に天皇賜杯の授与のない異例の優勝を経験した。

魁皇は9勝止まりではあったが、通産１０４４勝とし、史上1位・千代の富士の記録にあと1勝に迫った。また関脇で初場所の11勝に続き10勝した琴奨菊には、つぎの場所で大関昇進を決定する相撲を見せてほしい。そして、若手力士が揃って三賞を受賞したのも明るい話題となった。千秋楽を2敗で迎えた栃ノ心と新入幕で初日から9連勝した魁聖がともに敢闘賞を受賞し、小結の地位で12勝した鶴竜と11勝した豪栄道が技能賞を受賞したのは、今後に期待を懐かせた。

さきの初場所千秋楽に7勝7敗で土俵に上がった豊ノ島に負けた玉鷲（5勝10敗となる）

は、この場所千秋楽で幕尻（東17）の木村山の勝ち越しの望みを断ち、来場所も7勝7敗の相手をつぶす、といったそうだ。その意気を良しとしよう。

八百長相撲根絶に向けて踏み出した技量審査場所の15日間、監察委員会へ八百長疑惑を指摘する取組の報告が皆無であったと二所ノ関監察委員長（元関脇・金剛）は発表した。この監察委員会の委員が従来の7人から11人に増員され、その委員に就いた親方が支度部屋や土俵近くに張り付いた。そのため支度部屋が引き締まった状態となり、歓迎する向きもある反面、親方への何回ものあいさつなどで過度に緊張すると話す力士もおり、観察委員会の強化は、功罪相半ばするようだ。

監察委員会の充実も重要だが、八百長相撲を生む動機をなくするには、各力士の1勝や1敗の積み重ねによる部屋毎の成績重視の表彰制度や、関取を増さないで、幕下15枚目の力士にも給与を支給する（給与のフラット化）などの検討も必要であろう。

（4）部屋別勝越数・勝率トップテン

この場所では、勝越数の部屋別トップテンはつぎのとおりであった。（また、勝率の部屋別トップテンを併記した）

順位	部屋名	勝越数	勝・負	出場力士	割分厘（勝率）	勝率トップテン
1	八角	25	84・59	20	587	⑧
2	九重	21	55・34	14	617	②
3	千賀ノ浦	20	56・36	12	608	⑤
4	入間川（いるまがわ）	18	34・16	6	680	①
5	佐渡ケ嶽	17	116・99	29	（539）	
5	阿武松	17	80・63	16	（559）	
7	高田川	16	92・76	24	（547）	
7	荒汐（あらしお）	16	43・27	10	614	③
9	時津風	15	51・36	9	586	⑨
10	立浪	13	52・39	13	571	⑩
10	松ケ根	13	38・25	9	603	⑥
10	尾上（おのえ）	13	35・22	7	614	③
	錦戸	（9）	30・21	8	588	⑦

なお、部屋別の勝越数第1位の八角部屋と部屋別の勝率1位の入間川部屋の出場力士とそれぞれの成績は、つぎのようであった。

〈八角部屋〉

前頭	隠岐の海	7勝8敗	
幕下	上林（かんばやし）	4勝3敗	
同	十勝海	2勝5敗	
三段目	朱雀（すざく）	2勝5敗	
同	保志桜	5勝2敗	
同	北勝国（ほくとくに）	7勝0敗	三段目優勝
同	北道山（ほくどうざん）	1勝1敗	5休
同	隠岐の富士	6勝1敗	
同	北勝剛（ほくとごう）	5勝2敗	
序二段	北勝鶴（ほくとつる）	2勝5敗	
同	篠原	5勝2敗	
同	福留	5勝2敗	
同	北勝浪（ほくとなみ）	4勝3敗	
同	大五十嵐	5勝2敗	
同	桴海（ふかい）	4勝3敗	
同	坂口山	2勝5敗	
同	大佐藤	3勝4敗	
同	佐久間	4勝3敗	
序ノ口	向井	5勝2敗	
同	中山	6勝1敗	

〈入間川部屋〉

十両	磋牙司	13勝2敗
幕下	暁司	3勝4敗
三段目	荒闘司	3勝4敗
同	浅井	5勝2敗
序二段	久司	4勝3敗
序ノ口	駒司	6勝1敗

2、話題に事欠かない名古屋場所

(1) 白鵬、魁皇、琴奨菊に三様の期待

3場所ぶりの通常場所の開催となる名古屋場所は、横綱白鵬、大関魁皇、関脇琴奨菊の3人が否応なく注目を浴びることになった。

白鵬は史上初の8連覇を目指し、大関在位65場所で史上1位タイとなった魁皇は、あと1勝に迫った史上最多勝をどこまで延ばすか、そして琴奨菊の「大関取り」なるか、など話題の多い場所であった。

また、八百長問題への関与を認定された関取17人全員が土俵を去ったため、異例の番付編成となり、「技量審査」の夏場所で1つの負け越し力士、高見盛と木村山は、番付が上がった。このように関取で負け越しながら番付が上がったのは1967（昭和42）年の名古屋場所以来の事であるそうだ。そして4人の新入幕力士も誕生したが、その1人高安は、平成生まれの最初の幕内力士となった。

なお、1993（平成5）年に設立された高島部屋（親方・元関脇高望山）は、力士が1人になっていたという事情もあり、閉鎖され、同じ立浪一門の春日山部屋へ高島親方をはじめ、行司、呼び出し、床山が移籍することになった。

（2）千秋楽給金相撲力士の勝敗

7勝7敗で千秋楽の土俵に上がったのは8力士（幕内6、十両2）であったが、つぎのように両者給金相撲の十両1組を除く幕内6力士のうち3力士が勝ち越し、3力士が負け越しとなった（3勝3敗）。

勝〈幕内〉

○隠岐の海（東4）――琴欧洲（大関）「9・6」
○豪　風（西4）――栃乃花（西11）「8・7」
○時天空（東7）――栃乃洋（西14）「6・9」
負〈幕内〉
×北大樹（東10）――栃煌山（東8）「10・5」
×朔天狼（西13）――玉　鷲（東6）「5・10」玉鷲、先の審査場所でも給金相撲力士を破る。
×木村山（西15）――臥牙丸（西7）「5・10」

「給金相撲力士同士の取組」
〈十両〉勝――負
双大竜（そうたいりゅう）（西7）――武州山（西2）

（3）注目の白鵬と魁皇を尻目に日馬富士優勝

14日目まで白星を重ねて、その日に優勝を決めた大関日馬富士（はるまふじ）が千秋楽で関脇稀勢の里に敗れ、全勝優勝を逃したとはいえ、場所前の注目度が高かった白鵬、魁皇、琴奨菊を倒しての堂々たる優勝で名古屋場所を盛り上げた。

9月の秋場所では「綱取り」を目指す日馬富士とともに期待されるのは、揃って2ケタ勝利を収めた3人の関脇、琴奨菊（殊勲賞受賞）、稀勢の里、鶴竜の大関先陣争いである。

白鵬に土をつけ、場所を沸かせた琴奨菊、日馬富士、把瑠都のほか、幕内でも若手力士の活躍が目立ったなかで、多くの相撲ファンを永い間、魅了してきた大関魁皇が4日目に元横綱千代の富士（九重親方）の持つ史上最多の通産1045勝に並び、翌5日目に新記録を達成、そして通算1047勝まで延ばしたが、10日目の相撲を最後に土俵を去ることを決めたのは何といっても淋しい。

なお、こゝ何年もの間、ほとんど見かけなかったウッチャリの相撲を再三、この場所では見受けた。ガチンコ相撲（真剣勝負）に取り組む姿勢を各力士が持続するよう心懸けてほしいものである。

（4）部屋別勝越数・勝率トップテン

この場所では、勝越数の部屋別トップテンは、つぎのとおりであった。（また、勝率の部屋別トップテンを併記した）

順位	部屋名	勝越数	勝・負	出場力士	(勝率)割分厘	勝率トップテン
1	九重	17	65・48	15	575	⑤
2	境川	16	113・97	22	(538)	
3	千賀ノ浦	14	60・46	14	566	⑦
3	尾上	14	36・22	6	602	②
5	高田川	13	96・83	26	(536)	
5	尾車(おぐるま)	13	60・47	13	560	⑧
5	貴乃花	13	49・36	12	576	④
8	宮城野	12	38・26	8	593	③
8	間垣(まがき)	12	20・8	4	714	①
9	佐渡ケ嶽	9	121・112	31	(519)	
9	錣山	9	82・73	21	(529)	
	大嶽(おおたけ)	(6)	24・18	6	571	⑥
	井筒(いづつ)	(6)	31・25	7	553	⑨
	峰崎	(3)	19・16	5	542	⑩

なお、部屋別の勝越数第1位の九重部屋と部屋別勝率第1位の間垣部屋の出場力士とそれぞれの成績はつぎのようであった。

〈九重部屋〉

十両	千代の国	8勝7敗
幕下	千代桜	5勝2敗
同	千代嵐	5勝2敗
同	千代鳳	3勝4敗
同	千代丸	4勝3敗
同	明月院（めいげついん）	6勝1敗
同	千代錦	2勝5敗
三段目	千代翔馬（ちよしょうま）	5勝2敗
同	千代皇（ちよおう）	6勝1敗
同	千代栄	3勝4敗
同	千代秋豊（ちよしゅうほう）	2勝5敗
序二段	千代雷山（ちよらいざん）	5勝2敗
同	兼子	4勝3敗
同	三原	2勝5敗
同	森	5勝2敗

〈間垣部屋〉

三段目	佐藤	4勝3敗
同	駿馬（しゅんば）	6勝1敗
序二段	奈良三杉	5勝2敗
序ノ口	若三勝（わかみしょう）	5勝2敗

3、新大関の誕生を期待する秋場所

（1）精彩欠く白鵬、不安な日馬富士

場所前の横綱審議委員会の稽古（けいこ）総見（9月3日）では、20度目の優勝を目指す白鵬が精彩を欠いていたようだが、２００９年名古屋場所以来、２度目の「綱取り」に挑む日馬富士も、場所直前から臀部に痛みを感じるというのは気になるところであった。

それだけに、大関への昇進の目安とされる「直近3場所で33勝」に今場所、鶴竜（かくりゅう）が11勝で、琴奨菊が12勝で、さらには稀勢の里は15戦全勝で届く三関脇の「大関取り」に期待するところが大きかった。

（2）千秋楽給金相撲力士の勝敗

この場所では、十両以上の力士（関取）が7勝7敗で千秋楽の土俵に上がったのは、つぎにみるように14力士（幕内8、十両6）であったが、給金相撲同士の3取組（6力士）を除く8力士のうち5力士（幕内3、十両2）が勝ち越し、3力士（幕内2、十両1）が負け越しとなった（5勝3敗）。

勝〈幕内〉

○豊ノ島（小結）――北大樹（東11）「10・5」

○栃ノ心（東4）――阿覧（小結）「5・10」

○大道（東15）――玉鷲（東10）「6・9」

勝〈十両〉

○剣武（西2）――隆の山（前頭西15）「5・10」幕内と十両の入替戦？

○皇風（西8）――栃乃洋（東1）「4・11」

負〈幕内〉

×栃煌山（西3）――臥牙丸（西11）「10・5」臥牙丸、敢闘賞受賞

×雅　山（東5）――鶴　竜（関脇）「9・6」

負〈十両〉

×益荒海（西5）――鳰の湖（東10）「9・6」

「給金相撲力士同士の取組」

〈幕内〉勝――――負

隠岐海（西1）――朝赤龍（西12）

〈十両〉勝――――負

天鎧鵬（西3）――木村山（西16）

武州山（東4）――佐田ノ海（東8）

（3）琴奨菊大関昇進成るも優勝は白鵬（20度目）

この場所の10日目には琴奨菊がライバル稀勢の里に勝ち、9勝1敗で念願の大関へあと3勝とした翌日の11日目に栃煌山に敗れ、あと「4日で3勝」を要する厳しい立場に置かれ、先場所の残り「3日で2勝」できず大関を逸した事態を繰り返すのかとファンをやきもきさせた。しかし、12日目の臥牙丸（敢闘賞受賞）戦、13日目の白鵬戦、14日目の日馬富士戦に勝った琴奨菊は堂々12勝を挙げ大関昇進を決定付けた。惜しむらくは、琴奨菊が千秋楽の把瑠都（ばると）戦を落としたため、白鵬との優勝決定戦が実現しなかったことだ。

それにしても、横綱白鵬は、大関に近づきつゝある稀勢の里と、充実した相撲を見せた琴奨菊に土をつけられながらも、20度目の優勝を飾ったのであるから流石というほかない。

白鵬に土をつけた琴奨菊と稀勢の里は、揃って殊勲賞を受けた。

（4）部屋別勝越数・勝率トップテン

この場所では、勝越数の部屋別トップテンは、つぎのとおりであった。（また、勝率の部屋別トップテンを併記した）

順位	部屋名	勝越数	勝・負	出場力士	（勝率）割分厘	勝率トップテン
1	北の湖	56	194・138	44	584	⑤
2	八角	30	102・72	23	586	④
3	境川	15	109・94	21	（536）	
3	大島	15	40・25	7	615	②

5	九重	12	70・58	15	(546)	
6	入間川	11	34・23	7	596	③
7	藤島	10	70・60	14	(538)	
8	朝日山	9	43・34	11	558	⑨
9	宮城野	8	36・28	8	563	⑧
10	尾上	7	40・33	7	548	⑩
10	田子ノ浦	7	31・24	7	564	⑦
	鏡山	(6)	10・4	2	714	①
	間垣	(4)	16・12	4	571	⑥

なお、部屋別の勝越数第1位の北の湖部屋と部屋別の勝率第1位の鏡山部屋の出場力士とそれぞれの成績は、つぎのようであった。

〈北の湖部屋〉

幕内	臥牙丸	11勝4敗	敢闘賞
同	北大樹	10勝5敗	
十両	鳰ノ湖	9勝6敗	
幕下	徳勝龍（とくしょうりゅう）	5勝2敗	
同	徳真鵬（とくしんほう）	4勝3敗	
同	北磻磨	4勝3敗	
同	明瀬山（あきせやま）	2勝5敗	
同	肥後嵐	3勝4敗	
同	亀井	2勝5敗	
同	南海力	4勝3敗	
同	吐合（はきあい）	4勝3敗	
同	山下	4勝3敗	
同	肥後ノ城	4勝3敗	
同	天一（てんいち）	5勝2敗	
同	佐々木山	4勝3敗	
同	蓮台山（れんだいやま）	4勝3敗	
同	大露羅（おおろら）	5勝2敗	
同	北海龍	3勝4敗	
同	宮丸	4勝3敗	
三段目	井上	5勝2敗	
同	笹山	3勝4敗	
同	西内	4勝3敗	
同	一心龍（いっしんりゅう）	2勝5敗	
同	相山	2勝5敗	
同	木瀬乃若	5勝2敗	
同	柴原	4勝3敗	
同	太田	4勝3敗	

同	林	5勝2敗
同	肥後ノ龍	6勝1敗
同	男佑（だんゆう）	5勝2敗
同	遠州洋	1勝6敗
同	磻磨湖	5勝2敗
序二段	兜岩（かぶといわ）	6勝1敗
同	佐久間山	7勝0敗
同	笹ノ山	6勝1敗

〈鏡山部屋〉

幕下	鏡桜（かがみおう）	6勝1敗
三段目	竜聖（りゅうせい）	4勝3敗

同	浜美龍	3勝4敗
同	奄美岳	4勝3敗
同	大天佑	4勝3敗
同	北斗龍	1勝6敗
同	二十城（はたちじょう）	5勝2敗
同	肥後ノ華	6勝1敗
同	大志龍（だいしりゅう）	1勝6敗
序ノ口	肥後光	4勝3敗
同	木瀬錦	5勝2敗

4、地元出身大関交替の九州場所

（1）師匠・鳴戸親方の死の悲しみを乗り越えるか稀勢の里

福岡県出身の琴奨菊がご当所場所で新大関として故郷に錦を飾ることになり、期待されるところではあるが、祝宴やイベントに招かれ多忙を極めたようだ。新大関の場所では前場所の成績を上回るのが難しいらしいが、琴奨菊には同じ福岡県出身の大関で、これまで九州場所を盛り上げてきた魁皇の浅香山親方に代る活躍が望まれた。

この九州場所では11勝を挙げれば大関に手のとどく関脇稀勢の里にも頑張りが期待された。場所直前（11月7日）急性呼吸不全のため死去した師匠の鳴戸親方（第59代横綱隆の里）への稀勢の里の恩返しは、大関昇進であろう。

琴奨菊、稀勢の里のほか若手力士が台頭し場所を盛り上げてほしいが、安定感のある横綱白鵬の2場所連続で21度目の優勝を阻止する可能性は高くなかった。

（2）千秋楽給金相撲力士の勝敗

7勝7敗で千秋楽の土俵に上ったのは、つぎにみられるように10力士であったが、そのうちの7勝7敗同士の対戦3組（幕内1組、十両2組）を除く4力士（幕内3、十両1）の結果は2力士（幕内、十両各1）が勝ち越し、幕内2力士が負け越した（2勝2敗）。

勝〈幕内〉

○北大樹（東5）――豊ノ島（小結）「9・6」

勝〈十両〉

○琴勇輝（西8）――勢（いきおい）（東14）「12・3」勢、十両優勝

負〈幕内〉

×栃乃花（東4）――鶴竜（関脇）「10・5」

×豪栄道（ごうえいどう）（西1）――安美錦（あみにしき）（東6）「9・6」

「給金相撲力士同士の取組」

〈幕内〉勝――――負

大道（東12）――嘉風（西5）

〈十両〉　勝　――――――　負

天鎧鵬（東1）――双大竜（東11）

栃乃洋（東9）――舛ノ山（西2）

（3）複雑な思いを誘う稀勢の里の大関昇進

例年、観客の入りの悪い九州場所ではあるが、この場所も横綱白鵬の優勝が決まった13日目まで見られなかった満員御礼は、稀勢の里の大関昇進を左右する14日目と千秋楽の両日に出たにとどまった。

稀勢の里は、千秋楽に琴奨菊に敗れたが、その前（午前中）の審判部の会議で千秋楽の勝敗にかかわらず、大関昇進（技能賞受賞も）が決まっていた。そのために大関昇進の目安とされる「直前3場所33勝」に1勝とどかなかった大関は、稀勢の里が平成に入ってからは千代大海以来2人目ということである。師匠鳴戸親方（元横綱隆の里）の急逝を乗り越え決めた昇進をその師匠に「勝って報告したかった」というように後味の悪さも残るが、琴奨菊（新大関場所11勝）が稀勢の里に対して思い切った相撲を取れたのは確かである。午前中の稀勢の里大関昇進の決定は、意味深長だったということができる。

白鵬は21度目の優勝を飾ったが、千秋楽の結びで把瑠都に敗れ、史上最多の9度目の全勝優勝を逸するとともに、この1年間を全勝優勝なしで終えたが、再び双葉山の連勝記録に挑むことができるのか、それとも把瑠都や稀勢の里などの台頭で苦戦を強いられるのかは今後の関心事となりそうである。

(4) 部屋別勝越数・勝率トップテン

この場所では、勝越数の部屋別トップテンは、つぎのとおりであった。(また、勝率の部屋別トップテンを併記した)

順位	部屋名	勝越数	勝・負	出場力士	(勝率)割分厘	勝率トップテン
1	阿武松	31	91・60	19	602	③
2	宮城野	20	42・22	8	656	②
3	境川	12	98・86	20	(532)	
4	尾上	11	42・31	7	575	④
5	佐渡ケ嶽	10	126・116	31	(520)	

5	貴乃花	10	50・40	13	556	⑧
5	伊勢ノ海	10	44・34	10	564	⑤
8	春日山	9	78・69	21	（530）	
9	北の湖	8	174・166	44	（511）	
10	高田川	7	91・84	25	（520）	
10	九重	7	63・56	15	（529）	
10	田子ノ浦	7	32・25	7	561	⑥
10	峰崎	7	14・7	3	667	①
	井筒	（6）	28・22	6	560	⑦
	湊	（5）	24・22	7	551	⑨
	間垣	（2）	15・13	4	536	⑩

なお、部屋別の勝越数第1位の阿武松部屋と部屋別の勝率第1の峰崎部屋の出場力士とそれぞれの成績は、つぎのようであった。

〈阿武松部屋〉

幕内　若荒雄　12勝3敗　敢闘賞受賞
同　大道　8勝7敗
十両　益荒海　5勝4敗6休
幕下　阿夢露（あむうる）　6勝1敗
同　藤本　3勝4敗
同　寺下　3勝4敗
同　慶（けい）　5勝2敗
同　天緑（てんろく）　1勝6敗
同　能登桜　3勝4敗
同　天津（あまつ）　4勝3敗
同　大和富士　4勝3敗
同　相坂　3勝4敗
序二段　若山　7勝0敗　序二段優勝
同　阿光（あこう）　3勝4敗
同　大瀬海　2勝5敗
同　末川　5勝2敗
同　阿武山（おうのしょう）　3勝4敗
序ノ口　蘇（いける）　7勝0敗
同　大瑠璃（おおるり）　7勝0敗

〈峰崎部屋〉

三段目　透川（とおるがわ）　4勝3敗
同　赤峰（せきほう）　4勝3敗
同　秋乃峰　6勝1敗

〈追記〉鳴戸親方の急逝と理事選に思う

厳しい指導で有名な鳴戸親方にあっては、過去に行き過ぎた指導もあったかもしれない。また、協会が例の八百長問題の反省から強化した観察委員として厳しく注意することなどで、力士や一部の関係者などからの反感を買っていたという話も漏れ聞こえたが、大関昇進に挑む稀勢の里をはじめ部屋の力士の成長もみられ、前途洋々としていた。その矢先の鳴戸親方に降りかかったのは、つぎの好事魔多しでは片付けられない事態である。

鳴戸親方は、自分の治療用に持っていたインスリン注射を隆の山の体重増のために打たせているとの元力士の証言や弟子に暴行を加えたという疑惑などが九州場所直前に、同じ週刊誌で二週続けて掲載され、相撲協会から事情聴取を受けている期間中の11月7日に59歳の若さで急逝した。痛ましい限りである。

また、日本相撲協会の理事に縁のなかった鳴戸親方の無念も察して余りある。次期理事選（2012年1月）には、二所ノ関一門から推され出馬が確定的であった鳴戸親方は、前回の理事選でも一門から擁立されることになっていたのだが、一門の調整を無視して貴乃花親方が強行出馬したため辞退した。その理事選を巡っては、鳴戸親方と同じ青森県出身で、一緒に当時の二子山部屋（師匠・初代若の花）に入門し、ともに横綱にもなった間垣親方（二代目・若乃花）が貴乃花支持に回り、40年の間、切磋琢磨してきた鳴戸、間垣両親方が袂を分かつことになったのは、運命のいたずらとしても、あまりにも酷い気がする。

5、波乱の2011年大相撲を振り返って

(1) 八百長発覚直前と直後（各4場所）の千秋楽給金相撲の比較

かつて拙書『二一世紀初頭十年の大相撲―無気力相撲と不祥事・難題続出に寄せて』21頁でみたように、2001年～10年の60場所において、7勝7敗で千秋楽の土俵に上った力士（ただし給金相撲同士の力士を除く）は、トータルで267勝166敗、勝率6割2分4厘であり、60場所中、千秋楽の給金相撲では、勝ち力士より負け力士が多かったのは、11場所に過ぎなかった。そして10年間の大半の年度では勝率6割台であり、5割台の年度も3度あるが4割台という年度はなかった。また、千秋楽の給金相撲の結果が10勝0敗（2009年、九州）、9勝1敗（2008年、春）、7勝1敗（2009年、名古屋）、8勝2敗（2004年、秋）、5勝0敗（2001年、春と2007年、名古屋）、9勝4

敗（2005年、春）、3勝0敗（2006年、名古屋）という好成績であった場所も散見した。

八百長相撲発覚前後の各4場所（2010年7月〜2011年11月）の千秋楽における給金相撲力士の勝敗（給金相撲力士同士の勝敗を除く）によって各場所毎の勝率をグラフで対比すれば、上のようになる。

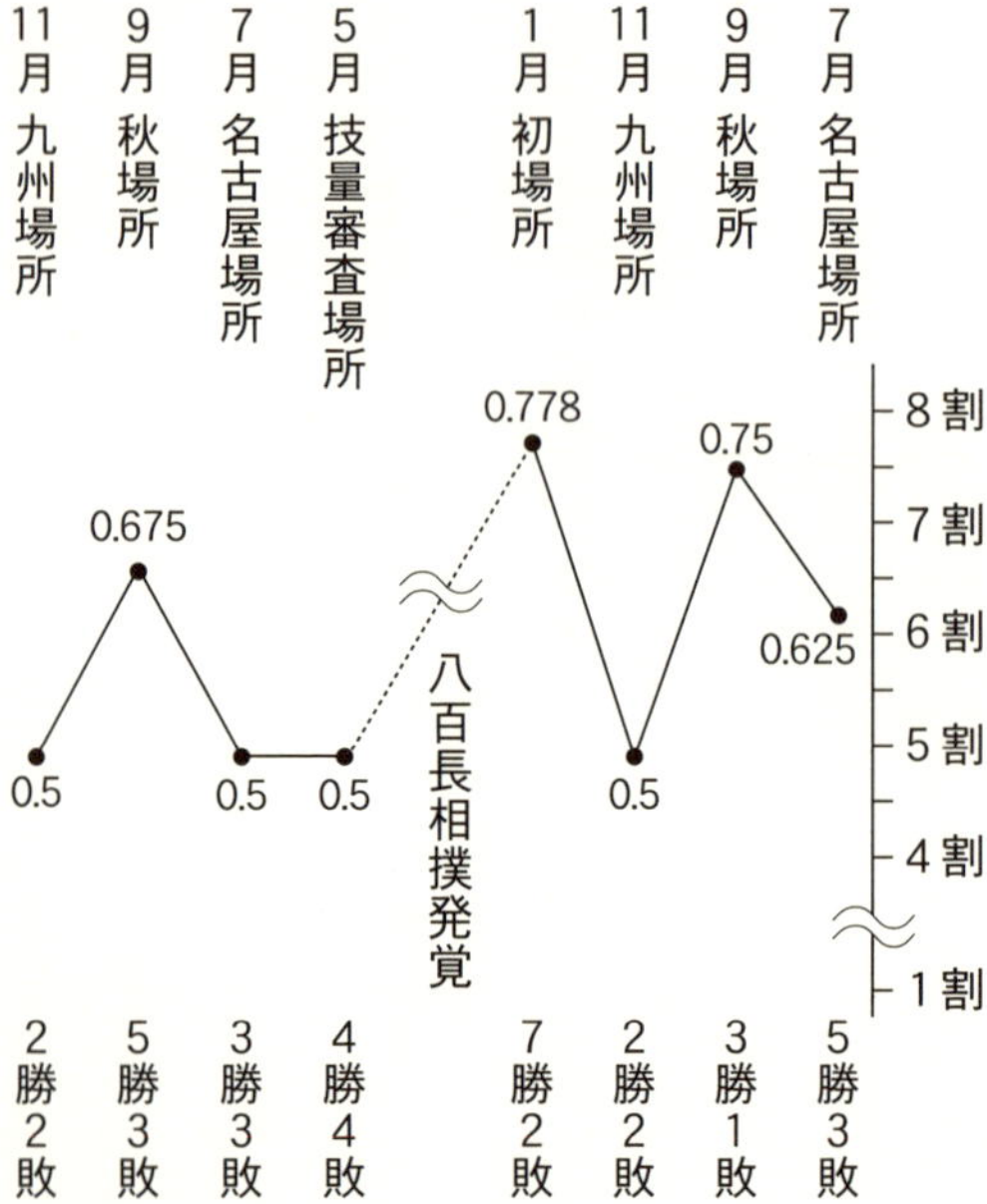

みられるように、八百長相撲発覚前と後では、給金相撲力士の勝率がかなり下降したのを読みとれるが、各4場所に限った短期間の比較であること、また、それぞれの給金相撲の取組の中味（たとえば相手力士のその場所の成績など）を詳細に見る

必要もあろう。したがって、もっと長い期間にわたる丹念な比較・検討を後に改めて試みたい。

(2) 部屋別勝越数と勝率の「年間トップテン」

2011年の場所毎に示してきた部屋別勝越数と勝率のトップテンに、それぞれ第1位10点、第2位9点、以下1点ずつ減点し、第10位を1点として5場所(春場所中止による)の集計結果を「部屋別勝越数、年間トップテン」及び「部屋別勝率、年間トップテン」として示すと、つぎのようであった。

「部屋別勝越数年間トップテン」

1	九重	34点
2	境川	25点
3	宮城野	24点
4	佐渡ケ嶽	23点
5	阿武松	21点

「部屋別勝率年間トップテン」

1	宮城野	25点
2	尾上	24点
3	九重	19点
4	入間川	18点
5	千賀ノ浦	14点

6	八角	19点
7	尾上	17点
8	千賀ノ浦	16点
9	入間川	15点
10	北の湖	12点
10	貴乃花	12点

6	松ヶ根	13点
7	朝日山	11点
8	八角	10点
8	峰崎（みねざき）	10点
8	鏡山	10点

右のいずれにもリストアップされた部屋は、九重、宮城野、尾上、入間川、千賀ノ浦、八角の6部屋であった。

宮城野部屋には横綱白鵬が、そして尾上部屋には大関把瑠都が大きく貢献したこともあり、両部屋の上位は当然であろう。九重部屋と八角部屋は、常に複数の関取を擁し、元横綱の両親方が競い合っている感じである。

入間川部屋は、力士の人数も減り、あまり目立たないが、関取磋牙司を擁し、健闘している。また、千賀ノ浦部屋は、関取舛ノ山のほか、幕下、三段目に有望力士がおり、遠からず台頭してきそうだ。

Ⅲ　理事選と２０１２年の大相撲

１、理事選を控えた初場所

(1) 白鵬に挑む日本人大関に集まる期待

初場所は、元横綱貴乃花に並ぶ史上5位の22回目の優勝を狙う横綱白鵬とともに、25歳の新大関稀勢の里と27歳で大関2場所目となる琴奨菊が注目された。

この場所前には、国技館に飾られている優勝額の入れ替えで、06年の初場所を制した大関栃東（玉ノ井親方）の額が取り外され、日本人力士の優勝額が初めてなくなる。その結果、国技館の天上に近い壁面、東西南北の各8枚、計32枚の優勝額は、白鵬の20枚、朝青龍の9枚、日馬富士の2枚（以上、モンゴル出身）、そして琴欧洲の1枚（ブルガリア出身）となる。それだけに昨年の後半から台頭著しい琴奨菊、稀勢の里をはじめ日本人力士の優勝が待望される場所でもあった。

なお、2013年2月9日に日本相撲協会の定年（65歳）を迎える中村親方（元関脇・富士櫻）は、中村部屋を12年九州場所後に閉鎖する考えを明らかにし、閉鎖の際に所属力士については、同じ高砂一門の東関部屋に移籍する予定とのことである。また、一つの部屋が消えるのかと思うと淋しさを禁じえない。

（2）千秋楽給金相撲力士の勝敗

7勝7敗で千秋楽の土俵に上がった関取9人の結果は、つぎのようであり、給金相撲同士の2取組（幕内、十両各1）を除く5力士（幕内2、十両3）は全員が勝ち越した（5勝0敗）。

勝〈幕内〉

○琴奨菊（大関）――日馬富士（大関）「11・4」

○阿　覧（東7）――佐田の富士（西11）「8・7」

勝〈十両〉

○宝智山（西1）――土佐豊（前頭西12）「4・11」幕内と十両の入替戦？

○玉飛鳥（西8）――大岩戸（西9）「6・9」
○徳真鵬（西12）――皇風（きみかぜ）（東9）「8・7」

「給金相撲同士の取組」

〈幕内〉　勝――――負
松鳳山（しょうほうざん）（東8）――富士東（東11）
〈十両〉　勝――――負
北播磨（東13）――高見盛（西6）

（3）2人の大関誕生に奮起した把瑠都の優勝

予想外にも13日目に大関把瑠都の優勝が決まった。先場所は白鵬が千秋楽結びで把瑠都に破れ、全勝優勝を果せなかったが、この場所は逆に把瑠都が白鵬に土をつけられ、初優勝を全勝では飾ることはできなかった。

横綱昇進基準の「2場所連続優勝か、それに準ずる好成績」（「横審」の内規）に照らして、つぎの春場所では横綱昇進の懸る把瑠都が注目の的になりそうである。

12勝3敗で終わった白鵬には不本意であったであろうが、この場所からも何かを得て、巻き返してほしい。これからは年毎にライバルが増え、厳しい戦いを強いられそうな白鵬が双葉山に追いつき、追い越す機会は、ここ数場所・当年に限られるように思えてならない。

11勝を挙げた稀勢の里には、期待が大きかっただけに物足りなかった面もあるが、新大関の場所ということで及第点はつけられよう。

大関2場所目の琴奨菊が千秋楽にやっと給金直しというのも予想外であった。他の4大関が10勝以上を挙げただけに琴奨菊の不振は目立った。

10日目に白鵬を吊り上げ、そして寄り切った関脇鶴竜（10勝5敗）は、近々、大関の座を射止めるのではないかと思わせた。

1月30日に理事改選期を迎え、2010年8月に日本相撲協会理事長に着任し、八百長問題や新公益財団法人移行に向けた協会改革などに取り組んできた放駒親方（元大関・魁傑）は、今季限りで退任する。前回同様に今回の理事選も定員を超える候補者の名前が飛び交い波乱含みである。

（4）部屋別勝越数・勝率トップテン

この場所では、勝越数の部屋別トップテンは、つぎのとおりであった。（また、勝率の部

屋別トップテンを併記した）

順位	部屋名	勝越数	勝・負	出場力士	（勝率）割分厘	勝率トップテン
1	九重	32	69・37	13	650	①
2	伊勢ヶ濱	22	90・68	18	569 6	⑤
3	阿武松	21	92・71	19	564	⑦
4	佐渡ヶ嶽	19	130・111	31	539	⑨
5	高田川	9	92・83	25	（525）	
5	伊勢ノ海	9	37・28	9	569 2	⑥
7	間垣	8	18・10	4	642	②
7	入間川	8	29・21	6	580	③
7	尾上	8	40・32	8	555	⑧
10	春日山	7	77・70	21	（525）	
	鏡山	（2）	8・6	2	571	④
	片男波	（6）	43・37	10	537	⑩

なお、部屋別の勝越数と勝率ともに第1位の九重部屋の出場力士とそれぞれの成績は、つぎのようであった。

〈九重部屋〉

幕内	千代の国	9勝5敗	1休
十両	千代大龍	13勝2敗	十両優勝
幕下	千代鳳	6勝1敗	
同	千代丸	5勝2敗	
同	千代皇	4勝3敗	
三段目	千代翔馬	6勝1敗	
同	千代栄	4勝3敗	
同	千代の真	5勝2敗	
同	千代雷山	5勝2敗	
序二段	千代秋豊	4勝3敗	
同	兼子	3勝4敗	
同	森	3勝4敗	
同	三原	2勝5敗	

2、理事選と新体制をめぐって

（1）理事選の結果

任期2年の満了に伴う日本相撲協会の理事選挙（外部理事を除く定数10）が1月30日、東京・両国国技館で投開票された。その結果は、つぎのようであった。

〈当選者〉

得票	当選回数	年寄名（現役最高位・しこな）	年令	一門グループ
13	1	尾車（大関・琴風）	54	二所ノ関
12	1	楯山（たてやま）（関脇・玉ノ富士）	62	二所ノ関
11	2	貴乃花（横綱・貴乃花）	39	貴乃花
11	1	春日山（前頭・春日富士）	45	立浪
10	9	北の湖（横綱・北の湖）	58	出羽海
10	2	鏡山（関脇・多賀竜）	53	時津風

10	6	出羽海（関脇・鷲羽山）	62	出羽海
10	1	八角（横綱・北勝海）	48	高砂
9	1	千賀ノ浦（関脇・舛田山）	60	出羽海
7	3	九重（横綱・千代の富士）	56	高砂
〈落選者〉				
6		友綱（関脇・魁輝）	59	立浪
0		伊勢ヶ濱（横綱・旭富士）	51	立浪

また、副理事（定数3）には、立候補を届け出た3親方・松ヶ根（元大関・若嶋津）、大山（元前頭・大飛）、玉ノ井（元大関・栃東）が無投票当選となった。

なお、2月1日付で外部役員として、理事に海老沢勝二（元ＮＨＫ会長、前横綱審議委員長）と宗像紀夫（元東京地検特捜部長、弁護士）の両氏が、幹事には岡部観栄（和歌山・高野山高校長、僧侶）氏が任命された。

（2）一門の結束弱体化と理事長互選

一門の保有票数18とみられながら、３人が理事選に乱立した立浪一門では、伊勢ヶ濱親方が投票直前に異例の立候補辞退を申し出て得票なしにもかかわらず、前回に続き他の一門に１票が流出したことから友綱親方が１票差で落選となった。

時津風一門でも自由投票を希望する声が上がり、３親方が貴乃花支持を表明するなど結束が崩れていることを露呈した。そのほか出羽海一門にも実現しなかったとはいえ、春日野親方（元関脇・栃乃和歌）らの擁立の声も上がったという。

このように一門の結束の乱れが顕著になり、理事選も無投票という事態もなくなってきた動向に照らしても、理事長を理事会での互選とするやり方を改める時期到来といえるのではないかと思う。特定の人を理事長に推す声を一人があげると、それに応じる親方がいて、理事全員が挙手し、理事長の決定に数秒しか要しないような体質はほめられたものではない。

（3）立会演説会と新理事への期待

初めて理事候補１人につき３分の立会演説会が１月30日に報道陣に非公開で行われたが、同日午前に立候補の辞退を申し出た伊勢ヶ濱親方を除く11人の大半は、３分を使い切る前に演説を終わったらしい。

新聞報道から立候補者の所信表明の内容を知りえたのは新任理事の4人に限られ、つぎのようである。

八角親方は、中学で12年度から始まる武道必修化にふれ、相撲の良さを知ってもらいたいと述べ、春日山親方は、財務の健全化や情報を可能な限り公開し、協会運営の透明化を目指すことを明らかにしている。

尾車親方は、公益法人という大きな課題にしっかり取り組むことに言及し、楯山親方は、不祥事に対して、きちっとしていかなければならないという思いを語っている。

新任理事が中学の武道必修化という外部事情に注目（八角親方）し、協会運営の透明化を図り（春日山親方）、公益法人化に向けての課題に取り組む（尾車親方）という指摘などは、相撲協会の無視できない諸点である。

八角親方は高砂一門から第1候補として推され、春日山親方も立浪一門から早々に理事候補に推挙された。また尾車親方についても二所一門が前年の九州場所前に、故鳴戸親方（元横綱・隆の里）とともに理事候補に決めていた。

右の3親方は、年令的にも協会を支えなければならない人材であり、期待に応えてほしい。

（4）理事長再登板の北の湖親方の「組閣」―ナンバー2には九重親方―

２０１０年8月理事長に就任した放駒親方（元大関・魁傑）が新設した副理事長に外部理事の村山弘義（元東京高検検事長）を据え、また、放駒理事長自ら委員長を務めた公益法人制度改革対策委員会の座長にも就いた村山氏は、年寄名跡の売買禁止を志向するなど協会改革をリードしてきた。その結果、新公益財団法人移行を目指す相撲協会は、高額で「売買」され問題になっている年寄名跡を1月には段階的に協会管理とする組織改革の工程表を文科省に提出するところにまでたどりついた。

このような状況下で行われた理事選に関連して、その理事選の前から、あるいは理事選直後の新聞辞令・予想でも確実視されていた北の湖親方の理事長再登板が新理事10人による互選で決まった。

08年に弟子の大麻問題によって監督責任を問われ任期途中で理事長の座を降りた北の湖親方が再び理事長に就き、各理事の職務分担に着手した。その際、協会ナンバー2の事業部長には、弟子の八百長相撲問題で理事を辞任し、今回の理事選で高砂一門の理事第1候補でもなく、ぎりぎり当選となった九重理事（元横綱・千代の富士）を据えた。この「組閣」前には、ナンバー2の事業部長には九重親方と同門の八角理事（元横綱・北勝海）が就くと報じた（予想した）メディアもあっただけに予想外のナンバー2人事といえなくもない。

また、北の湖理事長は、放駒前理事長のもとで外部役員が就いた副理事長ポストを設けず、公益法人制度改革対策委員会（委員長・九重事業部長）に任せ、座長も置かないこととし、対策委員会には委員のほか、理事職の親方を自由に出席（参加）させ、外部役員には助言してもらうという体制で臨むようだ。

そして、前審判部部長であった貴乃花理事は、大阪場所担当部長になった。審判長としての貴乃花親方は、物言いの付いた相撲の観衆への説明が他の審判長のそれよりも素気ないように見受けられたので、大阪場所担当部長への移動を是としなければならない。

貴乃花理事に代わり審判部部長となった鏡山理事には、部屋の力士が2名（1月の初場所現在）しかいないという「窮状」を脱することと、審判部部長の重責を果たすことを期待したい。

外部役員についても、北の湖理事長再登板前に退任した村山副理事長らに代わり、さきにふれた宗像紀夫氏とともに理事に就いた海老沢理事は、02～08年の北の湖理事長時代には横綱審議委員（99年から10年間）と、その間に同委員長（07年から2年間）を務めただけに身内で固めた人事との見方もある。

（5）責任重大な北の湖新体制

かつての日本相撲協会のように多額の内部留保・蓄積によって財政が健全であると誇れたのは、財団法人で税制上の優遇を受けるなどの恩恵に浴したことによるものであった。

ところが、第1次北の湖体制以後、角界は種々な不祥事に揺れ続け、なかでも、北の湖理事長は、その任期中に発生した時津風部屋の力士暴行死事件への対応については、スピーディな決断があったとする見方もなくはないが、その当時に続出した問題への対応が後手後手に回ったとして批判を浴び、結局、弟子の大麻問題で責任を問われ、任期途中で辞めている。

続出した不祥事の影響もあって、日本相撲協会はテレビ視聴率の低迷、チケットの売れ残りの記録更新などで赤字（10年度、約17億円、11年度、48億～49億円）の状況下におかれている。

その間にあって、新公益財団法人への移行に反対する声も協会内の少数とはいえ存在したと聞くが、大相撲界再生のためには、外部理事を副理事長に据え、法人制度改革に伴う新公益財団法人への移行に向けた放駒前理事長の路線を踏襲するほかに進む道がないのは明らかである。

この新法人への移行には、年寄名跡の不明朗な売買など解決を迫られる課題も多く、相撲協会理事長には2代目以降の11人中10人まで、元大関、元横綱が就任するような番付社会という大原則の存続は、人材不足を意味するとの指摘がある。それだけに理事長再登板に際し、身内で固めたとの批判もある北の湖新体制は、優柔不断な対応の繰り返しが許される状況にはないだけに責任重大である。

3、楽しみな2年ぶりの春場所

(1) 白鵬の巻き返しか、把瑠都の綱取りか

例年、客の入りの良かった春場所が2年ぶりの開催となる上に、初場所で初優勝した大

関・把瑠都が一気に「綱取り」成るか、それとも、改めて歴代5位に並ぶ22回目の優勝と春場所3連覇もかかる横綱・白鵬の巻き返し成るか、など見どころも多い楽しみな場所を迎えた。

もっとも、悲しい出来事・田子ノ浦親方（元前頭・久島海）の死去が場所直前（2月13日）にあった。それで田子ノ浦部屋の幕内碧山、幕下碧天、序の口碧己真の3力士が春日野部屋へ、また、幕下海龍、三段目久之虎、序二段の碧の正、碧海浜、碧城の5力士が出羽海部屋へ移籍することが日本相撲協会の2月22日付理事会で承認された。

同じ部屋の力士が複数の部屋へ分かれての移籍は、昭和以降では前例がないらしく、元・田子ノ浦部屋の力士同士が対戦する可能性もあるが、八角危機管理部長（元横綱・北勝海）は、厳しく見ることで対処すると語ったと伝えられている。

同じ22日の理事会では、元前頭で幕下の浜錦（追手風部屋）が2月29日付で現役を引退して春日山を襲名することによって、部屋（春日山部屋）を継承し、春日山親方（元前頭・春日富士）の「雷」（親方）襲名が承認された。

1月の理事選で初当選し、総合企画部長として協会に常勤している前春日山親方＝雷親方は、部屋付き親方に回り理事職に専念するということである。

たしかに、部屋経営と理事という要職を兼ねることには困難があろうから、少なくとも理事在任中の親方が部屋経営の責任を他の親方に委譲するような体制も検討する余地に値するかもしれない。

(2) 千秋楽給金相撲力士の勝敗

7勝7敗で千秋楽を迎えた関取は、つぎにみる8力士(幕内3、十両5)であったが、両者給金相撲の十両の取組(1)を除けば、幕内2力士と十両2力士が勝ち越し、幕内、十両各1力士が負け越した(4勝2敗)。

勝〈幕内〉
○隠岐の海(東9)——隆の山(西14)「4・11」
○碧　山(西10)——宝智山(西15)「4・11」
勝〈十両〉
○木村山(西11)——琴勇輝(西1)「6・9」
○益荒海(西13)——旭日松(あさひしょう)(東4)「9・6」

負〈幕内〉
×玉　鷲（東15）——朝赤龍（東11）「5・10」
負〈十両〉
×徳真鵬（東10）——北勝国（東12）「6・9」
「給金相撲同士の取組」
〈十両〉勝——————負
里　山（東13）——荒　鷲（西14）

（3）鶴竜、場所を盛り上げるも優勝は白鵬

千秋楽に豪栄道に敗れ、13勝2敗となった鶴竜に対して、白鵬が把瑠都を寄り切り相星に持ち込み、優勝決定戦をも制するという劇的な逆転優勝を演じた。

この春場所は、序盤では「綱取り」のかかる把瑠都が注目され、中盤以降には鶴竜が主役かの観を呈したが、最後はやはり白鵬が春場所3連覇とともに貴乃花に並ぶ史上5位タイの22回目の優勝で幕を閉じた。

序盤（4日目）に把瑠都を、中盤（9日目）に白鵬を破る鶴竜の大活躍が1昨年を1日

上回った9日の大入り満員を導いたといっても過言ではない状況下で、日本相撲協会の審判部は、春場所千秋楽の25日に理事会招集を北の湖理事長に要請し、鶴竜の大関昇進（殊勲賞と技能賞をも受賞）が事実上決定した。

ところで、審判部の大関昇進に関する理事会招集の発表が、当該力士の千秋楽での取組前であったということが続いており、この発表のタイミングには問題がありそうだ。

というのは、琴奨菊は、前年の秋場所で、稀勢の里は、前年の九州場所で、それぞれが大関昇進を決めた場所の千秋楽の相撲には敗れているのである。

稀勢の里については、前年九州場所千秋楽の取組前には、33勝という「大関昇進の目安」に1勝届いていなかったし、千秋楽の取組に敗れたが昇進した。この稀勢の里の場合や今場所千秋楽の本割と優勝決定戦とともに敗れた鶴竜の場合には、特に相撲に集中させてやる必要があっただけに、千秋楽の取組前の大関昇進に関する理事会招集の発表は避けるべきであった。

それゆえに、大関昇進に関する理事会招集の発表時間を千秋楽の取組後にするなど運営面の見直しに言及していたメディアに賛意を表したい。

（4）部屋別勝越数・勝率トップテン

この場所では、勝越数の部屋別トップテンは、つぎのとおりであった。（また、勝率の部屋別トップテンを併記した）

順位	部屋名	勝越数	勝・負	出場力士	（勝率）割分厘	勝率トップテン
1	宮城野	19	45・26	9	634	①
2	尾車	18	69・51	14	575	④
3	錦戸	12	34・22	8	607	③
4	荒汐	11	44・33	11	571	⑤
5	北の湖	10	178・168	44	（514）	
5	錣山	10	77・67	21	（530）	
5	出羽海	10	75・65	20	（536）	
5	九重	10	65・55	14	542	⑩
5	中村	10	27・17	7	614	②
9	佐渡ケ嶽	8	121・113	30	（517）	

9	境川	8	94・86	20	(522)
	二所ノ関	(3)	12・9	3	571	⑤
	間垣	(4)	16・22	4	571	⑤
	友綱	(5)	24・19	5	558	⑧
	朝日山	(6)	38・32	10	543	⑨

なお、部屋別の勝越数と部屋別勝率ともに1位であった宮城野部屋の出場力士とそれぞれの成績は、つぎのようであった。

〈宮城野部屋〉

横綱　白鵬　13勝2敗　幕内優勝
幕下　山口　5勝2敗
同　龍皇　5勝2敗
同　宝香鵬　4勝3敗
三段目　樹龍　3勝4敗

序二段　大和田　5勝2敗
同　猛十八　3勝4敗
同　白海竜　3勝4敗
同　香川　4勝3敗

〈追記〉部屋の閉鎖と再興

①大島部屋の閉鎖

80年に大島部屋を興し、横綱旭富士（伊勢ヶ濱親方）をはじめ、モンゴル人初の関取の元小結旭鷲山（きょくしゅうざん）らを育てた大島親方（元大関・旭国（あさひくに））が4月24日に65歳の定年退職を迎えることになり、大島部屋を閉鎖し、部屋所属の11人全員が同じ立浪一門の友綱部屋に転属する。

大島部屋の継承者と思われ、既に日本国籍を取得済のモンゴル出身で同部屋の幕内旭天鵬（きょくてんほう）が現役続行を望んでいるため、4月25日付で有力な部屋がまた一つ消えた。

大島親方が80年に部屋を創設し、92年にモンゴルから初めて大相撲の世界へ弟子を6人も入門させ、多くの部屋がモンゴル出身力士に門戸を開く口火を切った。そして白鵬の宮城野部屋への入門にも労をとったことでも知られている大島親方は熱心な指導で、第63代横綱・旭富士（伊勢ヶ濱親方）をはじめ、旭道山（きょくどうざん）、旭豊（あさひゆたか）（立浪親方）の元三役力士や元幕内の旭豪山（きょくごうざん）、旭里（あさひざと）（中川親方）、旭南海（きょくなんかい）と現役十両の旭日松という日本人力士とともに、引退後、母国の国会議員になった旭鷲山や現役の幕内旭天鵬、現役十両旭秀鵬（きょくしゅうほう）のモンゴル出身の3人を加え10人の関取を育てたのは広く知られている。
また、大島親方が2010年の理事選で苦杯をなめたが、それまで長く理事として協会に貢献したのも、まだ記憶に新しいところである。

②木瀬部屋の再興

暴力団幹部の維持員席の観戦問題で、切符の手配に関与したとして10年5月に閉鎖された木瀬部屋の木瀬親方と所属力士全員が北の湖部屋の「預かり」状態で1年余りが経過した頃に、あるメディアが12年2月の理事選にかかわって「身内に甘い」との批判を避けるためにも11年9月の秋場所後の理事会で議論だけはしておくべきではないかと報じたのは先見の明があったといわなければならない。(朝日新聞11年9月18日付朝刊、抜井規泰(ぬくいのりやす)氏執筆の記事参照)

というのは、放駒理事長の在任中には、暴力団との関わりについての事後改革を明確にしないまま、再登板の北の湖理事長の下で、わずか2年で木瀬部屋再興が12年4月18日の日本相撲協会理事会で決まったからである。

事実、閉鎖された部屋が2年で再興できるという前例をつくり、「身内に甘い」との批判を生むことになり、早や北の湖理事長や日本相撲協会に対しては、大相撲界に山積する諸課題に取り組むことができるのか、と危ぶむ声も聞かれた。

4、史上初、6大関実現の夏場所

夏場所前の5月2日、日本相撲協会は、昨年の八百長問題に弟子が関与したことに関連して監督責任を問われ降格となっていた親方8人を4月1日付で主任から委員に復帰させたと発表した。この委員に復帰した親方は、春日野（元関脇・栃乃和歌）、間垣（元横綱・2代目若乃花）、桐山（元小結・黒瀬川）、荒汐（元小結・大豊）、伊勢ヶ濱（元横綱・旭富士）、花龍（元関脇・大寿山）、入間川（元関脇・栃司）、立浪（元小結・旭里）の8人である。

ところで、1ヵ月も前の4月1日付での復帰を5月2日に発表したのも首をかしげたくなるが、なによりも、不祥事を生む体質改善に向けて協会が組織改革に取り組みはじめた現段階でもあり、また、八百長関与への否認を貫く元幕内蒼国来、元十両星風が力士としての地位確認を協会に求めての係争中であることから、1年での親方の復帰・処分解除は時期尚早であるといわなければならない。

なるほど復帰の理由として、八角広報部長（元横綱・北勝海）は、「降格から1年がたち、役員改選もあったため」と説明したと伝えられている。事実、1月に役員改選があり、弟子の大麻問題で理事長を辞任した北の湖（元横綱）と弟子が八百長に関与して理事を辞任した九重（元横綱・千代の富士）の2親方が理事に復帰し、協会ナンバー1、2の地位に就き、さきの8人の親方と同様に降格となっていた八角、尾車（元大関・琴風）、雷（元前頭・春日富士）の3人の親方も理事に当選した。それだけに1年前に同じ監督責任を問われ、主任に降格した8人の親方を委員に復帰させざるをえなかったのであろう。

それにしても、10人の理事（力士OB理事の定員）のうち、1年前に監督責任を問われた親方が半数の5人をも占めるというのは、人材不足を露呈しているといわざるをえず、力士OB理事定員枠を減らし、その減員分を外部理事の定員増に向けることも真剣に考えるべきである。

（1）白鵬の独走を阻止するのは誰れか

春場所で優勝決定戦に進みながら初優勝を逸した鶴竜の昇進で史上最多の6人になった

大関のなかから優勝争いに絡み、13場所連続一人横綱で史上単独5位の23回目の優勝を狙う白鵬の意のままにさせないようなヒーローの誕生を期待したい場所であった。

昨年の夏場所が八百長問題の影響で外部表彰などを辞退し、また、無料公開の技量審査場所として異例づくめのなかでの実施であっただけに、この夏場所は、充実した相撲が待ち望まれた。

かなり以前から高学歴の波が大相撲界にも押し寄せていたが、先場所に十両優勝し、新入幕を果した皇風（きみかぜ）が、1935年夏場所の笠置山（元大関）以来2人目の早稲田大学出身の幕内力士となり、話題になったが、これからも早稲田大学に限らず、いろんな大学出身力士の活躍が見たいものである。

(2) 千秋楽給金相撲力士の勝敗

この場所千秋楽に7勝7敗で土俵に上がった十両以上（関取）11力士のうち給金相撲同士の十両1組と十両対幕下の取組を除く8力士の結果は、つぎのように4力士（幕内1、十両3）が勝ち越し、4力士（幕内2、十両2）が負け越しとなった（4勝4敗）。

勝〈幕内〉

○日馬富士（大関）――白　鵬（横綱）「10・5」

勝〈十両〉

○磋牙司（西5）――舛ノ山（西1）「9・6」

○黒　海（西11）――双大竜（東7）「8・7」

○常幸龍（西12）――大岩戸（西7）「6・9」

負〈幕内〉

×安美錦（関脇）――碧　山（西7）「12・3」

×大　道（西12）――翔天狼（東11）「9・6」

負〈十両〉

×鳰の海（東9）――琴勇輝（西4）「5・7（3休）」

×徳真鵬（東11）――宝智山（東3）「9・6」

「給金相撲同士の取組」

〈十両〉　勝――――負

徳勝龍（東13）――政風（東12）

慶（幕下）――誉富士（西13）

（3）旭天鵬にふさわしい波乱に富んだ場所での優勝

この夏場所は、まったく予想外の展開を見せた場所であったというほかはない。史上初という平幕同士―栃煌山（東4）VS旭天鵬（西7）の両者とも敢闘賞受賞―の優勝決定戦を制したのは37歳8ヵ月（史上3番目の年長）の旭天鵬であった。

鶴竜が大関に昇進し、期待する向きもあったが、やはり優勝候補一番手と思われた横綱白鵬は、左手指の骨折もあって、10勝止まりとなった。それだけに11日目の終了時点で3大関にも勝ち、2差をつけての単独首位に立った大関稀勢の里が賜杯を手にすると思われたが終盤、重圧に勝てず、混沌とした優勝争いは面白くもあったといえよう。

千秋楽には優勝争いのトップに並んでいた栃煌山は、対戦相手、大関琴欧洲が14日目に負傷し、千秋楽当日に休場と分かったので、中入り後の他の併走力士の相撲次第では千秋楽を戦わず優勝する可能性も生じた。そのため優勝争いを興ざめにした感があり、理事長の協会あいさつで「誠に遺憾」との謝罪もあった。

なお、千秋楽（5月20日）には、「右足根骨靱帯損傷で、約3週間の治療を要する」との診断書を提出して休場した琴欧洲に対する批判的な言辞も見聞した。しかし、翌日（21日）に精密検査の結果、琴欧洲は、右足を骨折（全治1ヵ月以上）していたことが判明したので千秋楽の休場に対して批判を被った琴欧洲には誠に気毒な事態になったのは残念というほかない。

ところで、史上最多の6人に増えた大関陣で勝ち星が2桁に届いたのは2人だけという不甲斐なさには不満噴出の感を呈している。このような状況は、大関の地位の在り方を問う事態を惹起しているともいえよう。

大関には原則として2場所連続優勝という厳しい横綱への昇進条件を課す一方で、負け越した翌場所に勝ち越せば降格しないという甘い一面もみられることから、横綱昇進の厳しい条件を緩和し、降格条件の甘い点を見直すなどの意見もあるようだが、この点に触発されて、つぎのような私見を披瀝しておこう。

大関の地位が最高位（チャンピオン）とした時代もあったのであるから、精神的にも肉体的にも強い現横綱の白鵬のような力士がいない場合に、わざわざ横綱（グランドチャンピオン）を誕生させず、横綱なしの状態であってもよいのではないかと思う。他方、大関

（チャンピオン）からの降格に対する甘さを見通し、大関にあっては、いわゆる「公傷」を認めながらも、8勝とか9勝止まりで1つか3つの勝ち越しという場所が続けば、厳しく降格止むなしとするような基準も検討に値しよう。このようにすることが、却って横綱にふさわしい力士を育てるという見方もできるのではないかと問いたいのである。

この場所から再開された木瀬部屋には、以前に北の湖部屋に預けられていた26力士が戻ったので、筆者は、つぎのような十両での勝負に気付いた。

2日目に徳真鵬（木瀬・東11）が北磻磨（北の湖・西14）に勝ち、3日目、鳰の海（北の湖・東9）が徳真鵬に勝った。

先場所までは同部屋で対戦することもなかった相手との取組には、当該力士は、さぞ複雑な思いがしたことであろう。

右のような取組を見たことに関連して、花籠部屋が場所直前に夏場所後に閉鎖されるらしいと報ぜられた。部屋の閉鎖にかかわっては、タイミングなど配慮を欠いてはならない点があると思う。

85年に元横綱輪島の花籠親方が廃業し、一度は消滅した花籠部屋を92年に二子山部屋から独立した現在の師匠、元関脇大寿山（だいじゅやま）が再興したが、場所前にメディアの報じたところによると、十両荒鷲ら力士10人や行司らは同じ二所ノ関一門の峰崎部屋に移る見通しを明らかにした。

もっとも、花籠親方が詳しくは発表できる段階ではないと語ったのは首肯しうる。たしかに花籠部屋の力士と峰崎部屋の力士が対戦するようなことがあれば、誤解を生む相撲になりかねないだけに場所後の閉鎖が事前に明らかになるのは迷惑な話であり、問題であるといわなければならない。

(4)部屋別勝越数・勝率トップテン

この場所では、勝越数の部屋別トップテンは、つぎのとおりであった。（また、勝率の部屋別トップテンを併記した）

順位	部屋名	勝越数	勝・負	出場力士	(勝率)割分厘	勝率トップテン

1	立浪	16	64・48	16	571	②
2	北の湖	12	81・69	18	540	⑩
2	貴乃花	12	48・36	12	571	②
4	八角	11	112・101	27	(525)	
4	玉ノ井	11	101・90	25	(528)	
4	阿部松	11	84・73	19	(535)	
4	千賀ノ浦	11	55・44	13	555	⑤
8	友綱	10	63・53	12	543	⑨
9	片男波	9	44・35	9	556	④
10	境川	8	101・93	22	(520)	
10	春日野	8	94・86	20	(522)	
10	三保ケ関	8	43・35	10	551	⑥
	鏡山	(6)	10・4	2	714	①
	松ケ根	(6)	35・29	8	546	⑦
	大嶽	(4)	24・20	7	545	⑧

なお、部屋別の勝越数が第1位の立浪部屋と勝率第1位の鏡山部屋の出場力士と、それぞれの成績は、つぎのようであった。

〈立浪部屋〉

幕下	飛天龍（ひてんりゅう）	3勝4敗
同	竜王浪（りゅうおうなみ）	2勝5敗
同	大鷹浪（だいおうなみ）	3勝4敗
三段目	鬼怒ノ浪（きぬのなみ）	6勝1敗
同	海道浪	3勝4敗
同	豊乃浪	3勝4敗
同	羅王丸（らおうまる）	3勝4敗
同	明生（めいせい）	5勝2敗
序二段	越ノ浪（こしのなみ）	5勝2敗
同	鳳凰浪	5勝2敗
同	華吹（はなかぜ）	4勝3敗
同	龍昇浪	6勝1敗
同	力真（りきしん）	4勝3敗
同	良貴山（りょうきざん）	4勝3敗
同	北洋山（ほくようざん）	6勝1敗
同	小桜（こざくら）	2勝5敗

〈鏡山部屋〉
幕　下　鏡　桜　　5勝2敗
三段目　竜　聖　　5勝2敗

5、横綱・大関の巻き返しなるか名古屋場所

(1) 捲土重来を期す白鵬と稀勢の里

先場所の成績が予想外に悪かった白鵬をめぐっては、衰えに言及する声も聞えるが、それには白鵬を上回る大型力士が多くなったのも一因であろう。

「心技体」のうち「体」では白鵬と互角かそれ以上とも見られる力士が幾人も出てきた。幕内力士全員の「大相撲名古屋場所番付」(12年7月)に記載されていた身長、体重をみると、横綱白鵬は身長192センチ、体重152kgとあった。

白鵬と対戦する可能性のある前頭5枚目までの力士20人をみると、身長、体重とも白鵬を上回るのが、把瑠都(199センチ、189kg)、琴欧洲(202センチ、153k g）の2人で、体重が白鵬を上回るのは、稀勢の里（175kg）、琴奨菊（170kg）、栃煌山（153kg）、旭天鵬（158kg）、碧山（177kg）、隠岐の海（156kg）、若荒雄（173kg）、栃の心（165kg）、高安（161kg）の9人も存在する。これまでになかった大型力士と連日対戦を余儀なくされる白鵬が横綱在位30場所目で23度目の優勝（歴代単独5位）を飾る意地を見せるか、また、先場所、優勝の絶好のチャンスを逸した稀勢の里も元横綱隆の里（先代の師匠）と同様に初優勝を大関4場所目の当場所に決めるかという見所もあった。

この稀勢の里より一場所先の昨秋に久し振りに誕生した日本人大関として期待のかかった琴奨菊も後続の大関（稀勢の里のほか鶴竜）誕生で注目度が薄れがちなだけに奮起が望まれ、この場所には、横綱・大関での激しい優勝争いが見られるのではないかとの期待を抱かせた。

（2）千秋楽給金相撲力士の勝敗

7勝7敗で千秋楽の土俵に上った13力士（幕内7、十両6）のうち、給金相撲同士の取組（幕内、十両各1）を除く9力士の結果は、つぎのように5力士（幕内3、十両2）が勝ち越し、4力士（幕内、十両各2）が負け越した（5勝4敗）。

勝〈幕内〉

○碧　山（東2）――時天空（西9）「9・6」

○松鳳山（西3）――宝富士（西10）「6・9」

勝〈十両〉

○千代大龍（西15）――雅　山（東9）「8・7」

○琴勇輝（西7）――政　風（東13）「6・9」

負〈幕内〉

○貴ノ岩（東14）――常幸龍（西9）「10・5」常幸龍、優勝にからむ

×翔天狼（西6）――舛ノ山（西13）「11・4」舛ノ山、敢闘賞受賞

×嘉　風（東8）――北大樹（西11）「9・6」

負〈十両〉

×双大竜（東4）――千代鳳（西11）「10・5」

×徳真鵬（西10）――天鎧鵬（東2）「9・6」

「給金相撲同士の取組」

〈幕内〉　勝 ―――――――― 負

妙義龍（小結）――豪　風（西4）妙義龍、技能賞受賞

〈十両〉　勝 ―――――――― 負

芳　東（東5）――北磻磨（東8）

（3）予想をくつがえし、日馬富士全勝優勝

29年ぶり全勝決戦として注目された結びの一番は、日馬富士が白鵬を破り、一年前の名古屋場所以来となる3度目の優勝（全勝優勝は初）を果し、秋場所には三たび綱取りに挑むことになった。鶴竜がメディアに語ったところによると、優勝した日馬富士に比べて自分自身が気持の面での弱さを認識したようだ。

気持＝「心」の強さでは群を抜いていた白鵬が全勝対決に敗れ、史上最多となる9度目の全勝優勝を逃し、一人横綱になった2010年春場所以降、2場所連続で優勝を逸したのは初めてであり、大相撲界にも地殻変動の兆しを感じないでもない。

また、連勝を続ける横綱と大関を千秋楽結びの取組に仕組んだ審判部の配慮もあり、名

古屋場所15日間の懸賞本数は、過去最多（２００９年）の１０３３を更新して、１０４８で前年（５４２）のほぼ倍となり、満員御礼も５回（前年は千秋楽の１回のみ）であったことは喜ばしい。

なお、立ち会いが上手く合わなかったのも事実であろうが、期待された取組が一瞬の変化で勝負が決まるといった不満を呼んだ相撲のあったことも不問に付せない。

（4）部屋別勝越数・勝率トップテン

この場所では、勝越数の部屋別トップテンは、つぎのとおりであった。（また、勝率の部屋別トップテンを併記した）

順位	部屋名	勝越数	勝・負	出場力士	(勝率)割分厘	勝率トップテン
1	宮城野	31	51・20	9	718	①
1	木瀬	31	132・101	29	566 5	⑦
3	佐渡ケ嶽	25	147・122	35	546	⑨
4	友綱	22	76・54	15	584	④

5	九重	17	66・49	14	573	⑤
6	千賀ノ浦	13	56・43	13	565	⑧
6	北の湖	13	78・65	17	545	⑩
8	荒汐	12	48・36	12	571	⑥
9	錦戸	11	37・26	9	587	③
10	大嶽	10	29・19	7	604	②

なお、部屋別の勝越数、勝率ともに第1位であった宮城野部屋と勝越数で宮城野部屋と同数1位であった木瀬部屋の出場力士と、それぞれの成績は、つぎのようであった。

〈宮城野部屋〉

横綱　白鵬　14勝1敗

幕下　山口　7勝0敗　幕下優勝

同　龍皇　4勝3敗

同　宝香鵬　4勝3敗

序二段	大和田	4勝3敗
同	樹龍	5勝2敗

〈木瀬部屋〉

幕内	臥牙丸	10勝5敗
十両	徳真鵬	7勝8敗
同	常幸龍	10勝5敗
同	徳勝龍	10勝5敗
幕下	肥後ノ城	4勝3敗
同	亀井	3勝4敗
同	明瀬山	6勝1敗
同	笹ノ山	4勝3敗
同	兜岩	2勝5敗

同	白海竜	4勝2敗
同	猛十八	5勝2敗
同	香川	4勝3敗

幕下	佐々木山	4勝3敗
同	木瀬乃若	3勝4敗
同	肥後嵐	6勝1敗
同	南海力	3勝4敗
同	靏林（つるばやし）	5勝2敗
同	蓮台山	4勝3敗
同	笹山	0勝7敗
三段目	柴原	2勝5敗
同	井上	3勝4敗
同	山下	6勝1敗

同	棚　橋	2勝3敗　2休
同	浜美龍	2勝5敗
序二段	肥後ノ龍	4勝3敗
同	肥後ノ華	4勝3敗
同	木瀬錦	5勝2敗
同	肥後光	2勝5敗
同	大志龍	4勝3敗
序の口	浜　口	7勝0敗
同	岩　崎	7勝0敗　序の口優勝
同	小　松	3勝4敗

6、横綱誕生の期待かかる秋場所

（1）外国人力士の39場所連続優勝の可能性大

初の全勝優勝を果した名古屋場所が終わったつぎの日から3度目の綱取りに挑む日馬富士は、自己最高の体重・133キロとなり、自信を深めているだけに前評判も高く注目度NO.1であった。

また、横綱白鵬は、2場所連続して優勝から見放されているが、自らがスカウトし、十両に昇進した山口改め大喜鵬を鍛えるなど場所前の調整も上々と伝えられただけに日馬富士に立ちはだかる期待もされた。

この横綱、大関の動向からは、名古屋場所もモンゴル勢が優勝を争い、日本人力士が39場所連続で優勝から遠ざかることも致し方なしとの雰囲気もあった。

日本人力士では、当然、稀勢の里と琴奨菊の活躍を期待したいが、妙義龍、豪栄道の両関脇をはじめ、幕内の松鳳山、栃煌山、舛ノ山、高安、千代大龍、宝富士、富士東らが横綱、大関を一日も早く倒す力をつけてほしい。

(2) 千秋楽給金相撲力士の勝敗

7勝7敗で千秋楽の土俵に上がった関取17力士(幕内9、十両8)の結果は、つぎのようであり、給金相撲同士の4力士(幕内、十両各2)を除けば、勝ち越したのは7力士(幕内4、十両3)で負け越しになったのは6力士(幕内、十両各3)であった(7勝6敗)。

勝〈幕内〉
○豪栄道(関脇)――旭天鵬(東11)「10・5」
○豪　風(西5)――若荒雄(西10)「6・9」

○舛ノ山（西6）――高　安（西9）「10・5」
○朝赤龍（東13）――旭日松（東14）「8・7」

勝〈十両〉
○徳勝龍（西4）――琴勇輝（西6）「9・6」
○宝智山（東9）――鳰の湖（西7）「6・9」
○丹蔵（西11）――玉　鷲（東2）「9・6」

負〈幕内〉
×魁聖（西1）――豊真将（関脇）「9・6」
×大　道（東8）――豊　響（西4）「7・8」
×嘉　風（東10）――天鎧鵬（西13）「6・9」

負〈十両〉
×千代鳳（東5）――北磻磨（西8）「7・8」
×嵯牙司（東7）――大岩戸（東6）「6・9」
×貴ノ岩（東10）――栃乃花（西2）「5・10」

「給金相撲同士の取組」

〈幕内〉　勝――――――負

　　富士東（東15）――若の里（西11）

〈十両〉　勝――――――負

　　玉飛鳥（東4）――高見盛（東8）

（3）日馬、2場所連続全勝優勝で綱ゲット

1敗で追ってきた白鵬を千秋楽の結びで1分47秒という大相撲の末に破った日馬富士が2場所連続の全勝優勝を成し遂げ、文句なしの横綱昇進を決定づけた。1人横綱の期間が長いからとか、人気回復や場所を盛り上げるために甘い基準での横綱誕生は、過去の反省から「横審」も控えるべきであったが、今秋の日馬富士の好成績での昇進には惜みない拍手を送りたい。

第70代横綱を目指し、気力の充実した日馬富士に先場所に続き屈した白鵬は、横綱になって初めて3場所連続で優勝を逸したことになる。

6大関のうち3大関が序盤から中盤で休場するに至ったのは残念であった。5月頃に鶴田卓彦・横綱審議委員会委員長によれば、大関は「10勝しないと転落するシステムがあっ

ても良い」という考えを話したらしい。大関陣のなかには不甲斐ない成績や戦いぶりも見られるので、このような発言も致し方なしといわざるをえないが、それにしても、グランドチャンピオンたる横綱が存在せず、もともとチャンピオンとして大関が最高位の時代もあったことに鑑み、大関陣にはより一層奮起してほしい。

もっとも把瑠都には気の毒な面もあった。ケガも完治せず、思わしくない状態で臨んだ初日の魁聖戦では、行司差し違いと思われ、物言いぐらいはつけてもよいはずなのに、審判員の誰一人として手を上げず、把瑠都の負けとなったのは、審判の力量が問われかねない。先場所では全勝同士の取り組みを千秋楽の結びに据えた審判部の計らいに拍手を送ったのだが、この場所は初日に審判委員のミスを見た思いがした。

ところで、珍しいというか、起りそうにない出来事があった。木瀬部屋の岩崎と浜口が先場所では序の口で、また今場所では序二段で、いずれも7戦全勝で優勝決定戦を演じ、二度とも岩崎に軍配が上がった。常幸龍も十両優勝を果たすなど、北の湖部屋から元に戻った木瀬部屋は、前途洋々といえそうだ。

（4）部屋別勝越数・勝率トップテン

この場所では、勝越数の部屋別トップテンは、つぎのとおりであった。（また、勝率の部屋別トップテンを併記した）

順位	部屋名	勝越数	勝・負	出場力士	（勝率）割分厘	勝率トップテン
1	荒汐	23	48・25	11	657	①
2	九重	20	70・50	14	583	④
3	高砂	16	47・31	10	602	③
3	春日山	16	85・69	22	551	⑨
5	鳴戸	13	54・41	9	568	⑥
6	木瀬	10	119・109	28	（521）	
7	八角	9	101・92	26	（523）	
7	宮城野	9	44・35	9	556	⑧
9	伊勢ノ海	8	36・28	8	562	⑦
9	井筒	8	29・21	6	580	⑤

二所ノ関	(5)	13・8	3	619	②
尾上	(4)	32・28	7	533	⑩

なお、部屋別の勝越数と勝率ともに第1位であった荒汐部屋の出場力士の成績は、つぎのとおりであった。

〈荒汐部屋〉

幕下	福轟力（ふくごうりき）	6勝1敗
三段目	大波	6勝1敗
同	荒獅子（あらじし）	1勝6敗
同	剛士（ごうし）	6勝1敗
同	荒篤山（こうとくざん）	5勝2敗
序二段	力山（ちからやま）	2勝1敗（4休）
同	広瀬	3勝4敗
同	荒行志（あらぎょうし）	3勝4敗
同	突光力（とっこうりき）	6勝1敗
同	寛龍（かんりゅう）	6勝1敗
同	飛騨野（ひだの）	4勝3敗

〈追記〉理事の退職と立行司の襲名

週刊新潮（9月19日発売）は、理事の雷（いかずち）総合企画部長（春日山部屋所属、元幕内・春日富士）が経費の不正請求をした疑いなどを報じた。そのため日本相撲協会からは、調査した後に改めて発表する旨の説明があったという。

ところが、雷理事が提出したらしい理事辞任届を協会は受理せず、自主退職を求めたようで、20日に雷理事が一身上の都合で退職したと発表した。それで、週刊誌の報道した点に関する協会の調査を公表せず、一件落着とするようだ。ここにも協会の旧態依然とした体質を垣間見た思いがする。と同時に、若手理事の一人として、また春日山部屋の運営を離れ、理事職に専念するとした雷理事には期待するところが大きかったのに、このような形での退職は残念である。

また、退職した雷前理事の担当していた役職のうち、総合企画部長と監査委員長を九重理事（事業部長、元横綱・千代の富士）が、そして、生活指導部長と警備部長を八角理事（広報部長、元横綱・北勝海）が、それぞれ兼任すると協会から発表があった。

理事の職務が右のように兼任で片着くということは、職務分担の再整理と内部理事を減員する余地があるといえよう。

空位になっていた立行司・式守伊之助を九州場所の新番付から、三役格行司の木村庄三郎（62才、友綱部屋）に襲名させることが9月27日の日本相撲協会の定例理事会で決った。式守伊之助は、行司の最高位＝木村庄之助に次ぐ地位であり、庄之助とともに相撲協会の評議員にもなる。

7、東西に横綱揃う九州場所

（1）懸る年間最多勝（6年連続）の白鵬と連続全勝優勝（3場所）の日馬富士

２０１０年初場所以来の16場所ぶりに横綱が東西に揃った。

横綱在位32場所（千代の山と並ぶ歴代9位）となる東の白鵬は、ここ3場所手中にしていない優勝と6年連続年間最多勝を狙いたいところである。西の日馬富士は、幕内最軽量の横綱（１９８２年秋場所の千代の富士以来）で、１９４９年夏場所（1場所15日制定着）以降に昇進した29人のうち、３人しか新横綱で優勝していないという厳しい現況下にあって、3場所連続全勝優勝の期待も集めた。

それだけに、大関が脚光を浴びないのは淋しいが、鶴竜と稀勢の里が両横綱とともに優勝争いを演じるような場所にし、他の3人のカド番大関には勝ち越すだけではなく、横綱を倒すなど波乱を巻き起こして10勝は望みたいところであった。

1958年（年6場所制）以降では、琴欧洲と阿覧の11場所を抜く最速記録（幕下付け出しを除く）の初土俵から9場所で新入幕を果たした常幸龍の活躍も楽しみとなった。2008年に全国学生相撲選手権で学生横綱（日大2年生時）となるも、同年度内にプロ入りせず、卒業まで在学を希望し、幕下15枚目格付け出しの資格を失った常幸龍は、日大卒業後の11年夏の序ノ口（初土俵）から続けた27連勝（昭和以降1位）など実績と実力を示した期待の星である。

(2) 千秋楽給金相撲力士の勝敗

7勝7敗で千秋楽の土俵に上ったのは8力士（幕内3、十両5）で、つぎにみるように7力士（幕内3、十両4）が勝ち越し、十両1力士が負け越した（7勝1敗）。

勝〈幕内〉
○嘉　風（西10）――若の里（西12）「8・7」
○北大樹（東12）――臥牙丸（東7）「8・7」
○富士東（東13）――旭日松（東11）「6・9」
勝〈十両〉
○玉飛鳥（西2）――鳰の湖（西11）「5・10」
○双大竜（東8）――旭秀鵬（西10）「8・7」
○大岩戸（西9）――徳勝龍（西3）「6・9」
○明瀬山（東13）――宝智山（西6）「5・10」
負〈十両〉
×貴ノ岩（東12）――宝富士（西1）「9・6」

なお、この場所は、珍しく幕内、十両ともに千秋楽に給金相撲同士の対戦・取組はなかった。

（3）白鵬4場所ぶり23度目（歴代5位）優勝

14日目に旭天鵬が琴奨菊に敗れ、4敗目を喫した時点で、九州場所6年連続となる白鵬の優勝が決まった。4場所ぶり歴代単独5位となる23度目の優勝を手中にした白鵬が、年間最多勝も6年連続としたにもかかわらず、春場所を除く、初、夏、名古屋、秋の4場所を格下に優勝を攫（さら）われ、衰えも指摘されたが、全6場所の終盤まで優勝争いに絡んでいたのは立派というほかはない。

新横綱の5連敗は、横綱が番付に記載されるようになって以降、この九州場所での日馬富士が初めてで、2桁勝利に届かなかった（9勝6敗）のも1987年九州場所の大乃国（8勝）以来である。また同一場所での横綱5連敗は99年秋場所の若乃花以来という不名誉な記録となった。それゆえに、横綱審議委員のなかには「10勝以上挙げられない横綱に綱を締める資格はない」とか、つぎの初場所も9勝止まりだった場合「引退ですよ……少なくとも10勝はあげてほしい」という意見もあったようだ。過去には、よく休場した横綱、素行の悪かった横綱にも適切な時期に引退勧告しなかった横審も問題であったが、現在の横審のなかには厳しすぎる委員の存在するのを見た思いがする。

さきにもふれたように1949年夏場所（1場所15日制定着）以降、横綱に昇進した29

人のなかで、新横綱で優勝したのは、わずか3人にとどまったと伝えられているなかにあって、中盤までは白鵬を追う形で新横綱の場所を勤めた日馬富士について「新横綱場所は大変プレッシャーだったろう。来場所は頑張ってくれるでしょう」と語ったとされる同じ横審委員の山田洋次映画監督の冷静さに敬意を表したい。

9日目の日馬富士との対戦で（右四つになった）豪栄道が日馬富士を土俵際に寄り立てたところで、近くの位置についていた勝負審判の湊川親方（元小結・大徹）は、日馬富士の足が土俵を割ったと勘違いしたらしく、挙手し「勝負あった」として相撲を止めた。しかし、ビデオ判定の結果、日馬富士の足が土俵を割ったとは認められず、取り直しとなった。翌日、鏡山審判部長（元関脇・多賀龍）が審判委員を集めて伝えたといわれているように微妙な場合には、取組後に確認すればよいことである。

この場所の大関陣については、稀勢の里が10勝に届いたが、鶴竜が9勝にとどまり、9勝の琴欧洲と8勝止まりの琴奨菊は、なんとかカド番を脱するも、把瑠都は初日に勝った後、連敗し4日目から休場、大関陥落となった。大関陣への風あたりは当分、続きそうだ。

（4）部屋別勝越数・勝率トップテン

この場所では、勝越数の部屋別トップテンは、つぎのとおりであった。（また、勝率の部屋別トップテンを併記した）

順位	部屋名	勝越数	勝・負	出場力士	（勝率）割分厘	勝率トップテン
1	宮城野	18	45・27	8	625	①
2	九重	16	66・50	14	568_{9}	④
3	伊勢ノ海	14	39・25	8	609	③
4	春日山	12	83・71	22	538_{9}	⑧
5	時津風	12	53・41	10	563_{8}	⑤
6	伊勢ケ濱	11	81・70	17	536	⑨
7	境川	10	99・89	21	（526_{5}）	
8	高田川	9	84・75	23	（528）	
9	出羽海	8	81・73	22	（525_{9}）	
9	高砂	8	38・30	11	558_{8}	⑥
	中村	（7）	18・11	5	620_{6}	②

朝日山	(6)	38・32	6	542 8	⑦
大獄	(4)	30・26	8	535 7	⑩
錦戸	(4)	30・26	8	535 7	⑩

なお、部屋別の勝越数と勝率のいずれも第1位であった宮城野部屋の出場力士の成績は、つぎのようであった。

〈宮城野部屋〉

横綱　白鵬　14勝1敗　幕内優勝
十両　大喜鵬　9勝6敗
幕下　龍皇　2勝5敗
同　宝香鵬　3勝4敗

序二段　大和田　3勝4敗
同　樹龍　6勝1敗
同　白海竜　3勝4敗
同　猛十八　5勝2敗

8、2012年大相撲を振り返って

(1) 千秋楽給金相撲の6場所勝率比較

2012年の6場所千秋楽における給金相撲力士の勝敗（給金相撲同士の勝敗を除く）による各場所毎の勝率をグラフで対比すれば、つぎのようになる。

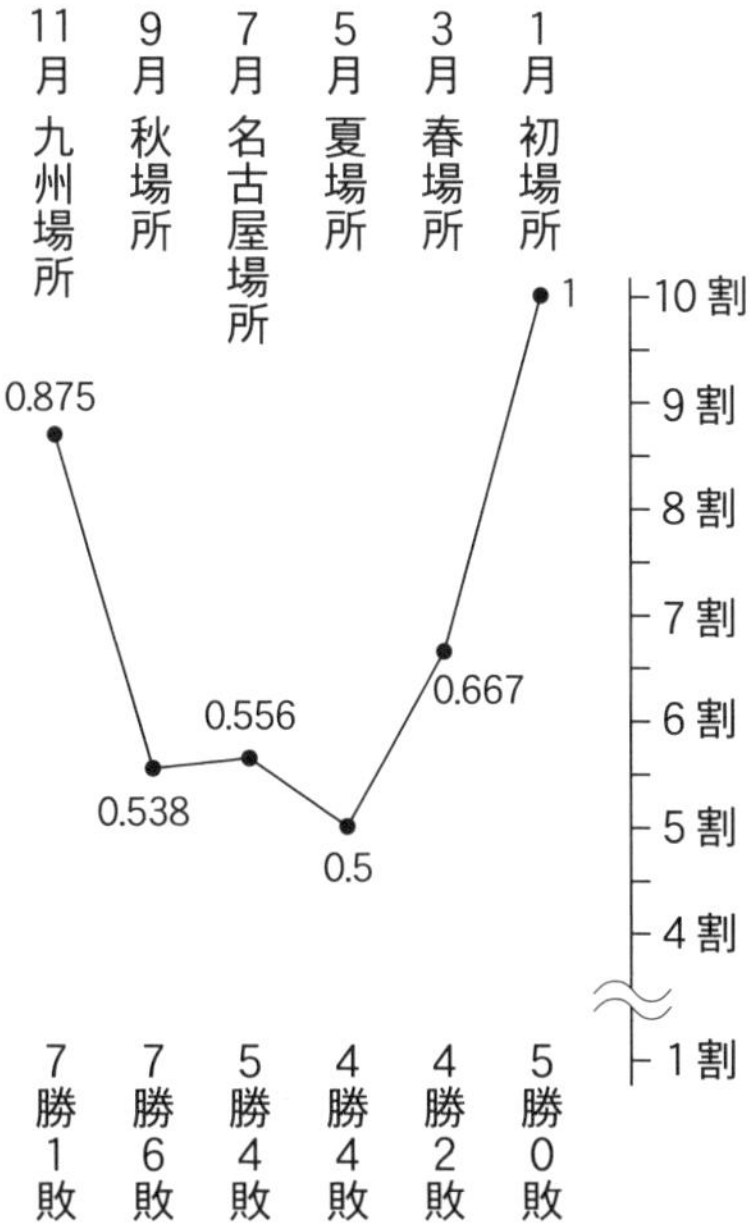

場所によって勝率が大きく変動している。しかし給金相撲力士の対戦相手の成績や地位の上下など、多面的な分析をしなければ勝率の高低の原因は究明できそうにない。

(2) 部屋別勝越数と勝率の「年間トップテン」

2012年の場所毎に示してきた部屋別勝越数と勝率のトップテンに、それぞれ第1位10点、第2位9点、以下1点ずつ減点し、第10位を1点として6場所の集計結果を「部屋別勝越数、年間トップテン」及び「部屋別勝率、年間トップテン」として示すと、つぎのようであった。

「部屋別勝越数年間トップテン」

1	九重	40点
2	宮城野	34点
3	北の湖	20点
3	荒汐	20点
5	佐渡ケ嶽	16点

「部屋別勝率年間トップテン」

1	宮城野	33点
2	九重	31点
3	荒汐	21点
4	中村	18点
5	鏡山	17点

5	春日山	16点
5	伊勢ノ海	16点
8	阿武松	15点
8	木瀬	15点
10	伊勢ヶ濱	14点

5	錦戸	17点
5	伊勢ノ海	17点
8	二所ノ関	15点
8	間垣	15点
10	高砂	13点

右のいずれにもリストアップされたのは、九重、宮城野、荒汐、伊勢ノ海の4部屋であった。前年に引き続き上位には、九重部屋と宮城野部屋が入っている。また、荒汐部屋と伊勢ノ海部屋が健闘したといえそうである。

Ⅳ　大相撲改革期・２０１３年の序盤

１、新公益財団法人に向けての動向

日本相撲協会は、２０１３年11月末期限の新公益財団法人の認定申請のために１年余も組織改革について話し合っているが、12年11月時点で、未だ結論を出すに至っておらず、なかでも、引退力士の協会幹部組織員資格である年寄名跡、いわゆる親方株をめぐる問題で迷走している状態である。

公益法人では職員資格の売買を認めないため、年寄名跡を協会が管理する必要に迫られ、２０１１年末、当時の日本相撲協会理事長だった放駒親方のもとで、親方衆の退職時に協会が「特別功労金」を支払い、名跡を買い取る形での提案について、全親方らで構成する評議委員会が承認する段階にまでたどりついた。

ところが、協会は、1ヵ月後の2012年1月末に理事選や理事長の交替もあって、さきの「特別功労金」支払案が6月の評議員会で白紙撤回され、その代わりとして退職する親方に後継者の指名権を与えるとした。そして12年11月、12月における日本相撲協会の公益法人制度改革対策委員会（九重委員長・元横綱千代の富士）では、年寄名跡の協会買い取り案を否定（「特別功労金」なしを前提と）し、新法人下で年寄名跡の金銭授受というルール違反が判明した場合、最も重い「除名」を含む8段階にわたる罰則規定を導入することで合意した。そして、親方（先代）が定年で引退後も部屋で弟子を指導する場合は、後継者から年に1度金額などを協会に申告させて、「指導料」を受け取ることを認めると し、またすでに取得している親方や現役力士からの名跡を借りる（借り株）場合は協会が推薦権を持つことなどを決めた。

年寄名跡の後継者が「指導料」を支払うという形式は、部屋持ち親方の年寄名跡を継承する場合には通用しえても、自分の弟子がいない部屋付き親方の年寄名跡を継承する後継者が先代に「指導料」という名跡の支払いをするのは当をえないなど疑問符のつく事態を惹起した。

定年を間近に控える放駒親方がご本人にとっての不利益をも顧みず、理事長として提案・

承認にこぎつけた「特別功労金」による解決策が、定年までまだ間のある新理事長北の湖親方や理事（「公益法人制度改革対策委員会委員長」の九重親方をはじめ多少とも若返った力士出身理事からなる執行部）によって無効にされたというのは、あまりにも情け無い。

もっとも、「特別特別功労金」解決案に反対する多くの親方衆に指示されて就任した北の湖（一代年寄「北の湖」の他に年寄名跡を所有しているといわれている）理事長や理事であるとすれば、その解決案を彼ら執行部が無効にする事態は、当然といえば当然であろうが、土俵上の無気力相撲と同様に真剣味を欠き、世間からの批判を惹起するといわざるをえない。

八百長相撲発覚に続き、新公益財団法人としての申請が不可能となったり、仮に申請しても認定されなかった場合には、日本相撲協会は解散を強いられるという危機に陥るのは明らかだ。

新公益法人の認定申請期限まであと丁度1年となった12年11月末には、マスメディアは、年寄名跡（親方株）の扱いで結論を出せない日本相撲協会が所管庁・文部科学省や認定にあたる内閣府の関係者から「最大の難題を抱える団体」とみられていると報じた。

日本相撲協会は、12年12月21日開催の親方衆による評議員会で、年寄名跡（親方株）の取り扱いに関する改革案について結論が出ず、当初、目指していた12年6月段階での公益財団法人認定に向けた申請を遅らせること（越年）とし、公益法人制度改革対策委員会で、さらに協議することになった。

また、これまで評議員は「年寄ならびに力士および行司の各々より理事会において選出された者」（日本相撲協会寄附行為、平成21年5月13日改正、第26条第2項）とされており、その評議員で構成される評議員会で理事及び監事を選任することになっている（同右「寄附行為」第20条第1項）のである。

ところが申請先の内閣府が推奨する組織改革案では、公益法人移行後の評議員会（最高決定機関）については、評議員の構成は力士出身者が半数を超えないことを求めている。この内閣府の推奨する改革案をそのまま受け入れなければならないものかどうかは検討を要しよう。

13年1月9日には、日本相撲協会側から親方衆の集まった年寄総会の席上で年寄名跡（親方株）を公益財団法人移行後、3年以内に全て協会管理とする改革案が提示され、親方衆も了承したとメディアは報じた。この年寄名跡の協会管理に伴ない名跡の貸借も禁止するらしい。そこで、「借り株」親方（名跡の所有者とは異なる襲名者）には事実上、3年以内に所有するか、協会を去るかの選択を求めるという。

また、「特別功労金」とか「指導料」などと議論されてきた「親方株」譲渡をめぐる問題について、日本相撲協会は、年寄名跡の譲渡者が後継者から月50万円程度の「顧問料」をもらいうけることを認める方向での検討に入ったようであり、本年（13年）11月が期限の新公益財団法人化に向けて、内閣府ならびに監督官庁の文部科学省と詰めの協議に臨むことになったらしい。この協議の動向が注目されよう。

そして、13年1月30日に開かれた日本相撲協会の公益法人制度改革対策委員会では、新法人移行後の最高議決機関＝評議員会の扱いをめぐって、相撲を知らない外部の人が評議員として経営するのは無理というような異論も相次いだと伝えられている。

事実、翌1月31日の親方衆らを構成員とする評議員会でも、協会が新公益法人に移行しても親方衆が評議員を兼務できるように交渉し続けることを確認している。

2、白鵬、完全復活か初場所

（1）なるか巻き返し（日馬）、返り咲き（把瑠都）

陰りが見えた感もあった白鵬の前年最後の九州場所での優勝が本物かどうかは初場所で見定めることができそうであった。11年秋場所以来、東京での開催場所で優勝のない白鵬自身も期するところのあったのは当然であろう。

日馬富士には、この場所は新横綱の先場所より厳しい状況にある。なによりも初日に負けると横綱としては過去4人（不戦敗を除く）だけのワーストタイの6連敗を避けなければならない。それだけに、初日を数日後に控えた1月10日には風邪で稽古を休んだようで、横綱として体調管理に欠けるという師匠の伊勢ヶ濱親方（元横綱・旭富士）が苦言を呈したのも止むをえなかったところである。

大関から関脇に落ちた把瑠都が10勝（大関復帰）できるかどうかも話題となった。2場所連続負け越しで大関から陥落する規定となった1969年名古屋場所以降で5人目（三重ノ海＝先代武蔵川親方、貴ノ浪＝音羽山親方、武双山＝藤島親方、栃東＝玉ノ井親方）、6度目（栃東が2度）の大関返り咲きとなるだけに注目の的となった。

また、この場所前には新公益財団法人への移行に向けて年寄名跡の取り扱いについて、年寄総会の合意を得たとはいえ、まだ紆余曲折がありそうなことや名門の二所ノ関部屋が初場所後に閉鎖されるなど、日本相撲協会にあっては、13年も波乱が予想された。

（2）千秋楽給金相撲力士の勝敗

7勝7敗で千秋楽の土俵に上ったのは、つぎにみる14力士（幕内9、十両5）で、そのうち給金相撲同士の十両2力士を除けば、9力士（幕内7、十両2）が勝ち越し、3力士（幕内2、十両1）が負け越した（9勝3敗）。

勝〈幕内〉

〇琴奨菊（大関）――鶴　竜（大関）「8・7」
〇豪栄道（関脇）――栃ノ心（東6）「9・6」
〇把瑠都（関脇）――　勢（西5）「8・7」
〇栃煌山（小結）――高　安（東7）「12・3」高安、敢闘賞受賞
〇隠岐の海（西10）――北大樹（東10）「8・7」
〇玉　鷲（西12）――臥牙丸（東4）「6・9」
〇翔天狼（東14）――若の里（東11）「4・11」両者、幕内残留懸る？

勝〈十両〉

○東　龍（東10）――琴　禮（西12）「2・13」
○徳真鵬（東11）――芳　東（西7）「6・9」
負〈幕内〉
×妙義龍（西1）――千代大龍（西8）「10・5」
×碧　山（西6）――安美錦（東1）「9・6」
負〈十両〉
×大喜鵬（西1）――貴乃岩（東13）「12・3」貴乃岩、十両優勝
「給金相撲同士の取組」
〈十両〉勝――――負
鏡　桜（東13）――明瀬山（西10）

（3）汚名挽回　日馬富士横綱昇進2場所目の優勝

14日目に横綱昇進2場所目で5回目（2場所ぶり）の優勝を決めた日馬富士は、千秋楽に白鵬を破り、3度目の全勝で飾った。

大関陣は、稀勢の里と琴欧洲が10勝、鶴竜と琴奨菊は8勝にとどまった。把瑠都も千秋

楽にやっと勝ち越すという状態で、大関復帰とはならなかった。

終盤の優勝争いに名を連ねた高安が敢闘賞を手にしたが、白鵬から金星を挙げた妙義龍が負け越して殊勲賞を逸した。また、安美錦が技能賞にふさわしいにもかかわらず、受賞ならず、05年の初場所以来の三賞受賞者1人だけということになった。

千秋楽で把瑠都と対戦した勢、妙義龍と対戦した千代大龍には取り組み前に勝てば三賞のうち敢闘賞か技能賞を与えるというような配慮があってもよかったのではないかと思われた。

(4) 部屋別勝越数・勝率トップテン

この場所では、勝越数の部屋別トップテンは、つぎのとおりであった。(また、勝率の部屋別トップテンを併記した)

順位	部屋名	勝越数	勝・負	出場力士	(勝率)割分厘	勝率トップテン
1	春日山	23	85・62	21	578	③
2	木瀬	20	128・108	28	(542)	

3	伊勢ヶ濱	18	81・63	17	562	⑤
4	錣山	17	82・65	21	557	⑦
5	宮城野	14	43・29	8	597	①
6	春日野	12	89・77	18	(536)	
6	朝日山	12	41・29	10	585	②
8	時津風	9	48・39	9	551	⑧
9	九重	7	61・54	14	(530)	
9	立浪	7	42・35	11	545	⑨
	芝田山	(5)	20・15	5	571	④
	井筒	(5)	24・19	5	558	⑥
	鏡山	(2)	12・10	2	545	⑨

なお、部屋別の勝越数の第1位であった春日山部屋と部屋別勝率第1位であった宮城野部屋の出場力士の成績は、つぎのようであった。

〈春日山部屋〉

幕下	祥風(しょうほう)	5勝2敗
同	春日国	4勝3敗
三段目	伯錦(はくにしき)	3勝4敗
同	万華城(まんかじょう)	6勝1敗
同	若春日	6勝1敗
同	春日龍	4勝3敗
同	松葉山	5勝2敗
同	春日波	4勝3敗
同	春晃(はるひかり)	4勝3敗
同	春日島	2勝5敗
同	高春日	2勝5敗
同	福の邦(ふくのくに)	4勝3敗
同	春日嶺	5勝2敗
同	春桜(はるざくら)	5勝2敗
同	幸山(こうざん)	1勝6敗
序二段	春日里	4勝3敗
同	大国山(おおくにやま)	4勝3敗
同	熊王	4勝3敗
同	吉田	2勝5敗
同	後藤	6勝1敗
同	大国岳(おおくにだけ)	5勝2敗

〈宮城野部屋〉

横綱	白鵬	12勝3敗
十両	大喜鵬（だいきほう）	7勝8敗
幕下	龍皇（りゅうおう）	3勝4敗
同	宝香鵬（ほうかほう）	6勝1敗

三段目	樹龍（きりゅう）	3勝4敗
序二段	猛十八（たけとば）	4勝3敗
同	大和田	4勝3敗
同	白海竜	4勝3敗

3、大鵬・納谷幸喜氏の死去など激動の初場所前後

大相撲史上最多32回目の幕内優勝を記録し、柏戸と一時代（柏鵬時代）を築いた第48代横綱大鵬の納谷幸喜さんが1月19日に死去した。72歳であった。１９５６年に二所ノ関部屋に入門、同年秋場所初土俵、59年春場所後に18歳10ヵ月で新十両、60年九州場所で初優勝し、20歳5ヵ月で大関、61年秋場所後、柏戸とともに横綱を射止めた。

大鵬が新入幕から所要11場所で横綱に昇進したのは、北の湖理事長の21歳2ヵ月に次ぐ21歳3ヵ月の若くしてであった。また、2度の6連覇（62年名古屋場所から63年夏場所及

び66年春場所から67年初場所）や8回の全勝優勝も記録した。71年夏場所中に引退、一代年寄「大鵬」となり、大鵬部屋を興した。

77年に脳梗塞を患うも、再起し巨砲（元関脇）らを育てた。80年2月から96年1月まで協会理事、05年5月の協会定年退職後、相撲博物館館長も務め、09年に相撲協会初の文化功労者に選ばれた。

大相撲史上の連勝記録・69連勝の双葉山とともに史上最多の32回優勝の大鵬は、名横綱として、これからも永く語り継がれるのは間違いない。

現役時代の大鵬には、1963（昭和38）年9月の秋場所千秋楽での柏戸戦を石原慎太郎氏から八百長相撲と糾弾されたケースには、それぞれに思うところがあっても不思議ではない。

勝った柏戸の感涙にむせんだのを見て、あれは八百長ではないと思ったという評論家もいたと記憶する。しかし、最近読んだ友鵬勝尊氏の『人間大鵬幸喜のいい話』には「横綱に同時昇進して2年くらいまでは口も聞かない仲だったが、柏戸関がおやじとの全勝対決を制して休場明けの復活優勝を果したあたりから、話すようになったと聞いている。その後はライバルでありながら、無二の親友でもあった」（67ページ）という記述に接した筆者は、あの柏戸の涙は心やさしい大鵬の気配りに対するものであったように改めて感じた。

また、１９６５（昭和40）年に柏戸と一緒にピストル不法所持で略式起訴処分とされることなどもあったが、「巨人、大鵬、卵焼き」といわれた当時のプロ野球・巨人軍で人気もあり、実力を発揮していた王貞治さんと同じ昭和15年生れの大鵬は、昭和を代表するスポーツの国民的スターであった。晩年には不自由な体でありながら、東日本大震災の被災者支援の街頭募金をするなど福祉活動分野で尽力されたことも広く知られているところである。

1月19日の大鵬死去の約1ヵ月後に受賞の決まった（正式決定2月15日）国民栄誉賞については、納谷芳子さん（大鵬の奥様）が「本当にありがたく、うれしいこと、天国で良かったと喜んでいると思います」と話したとメディアの報じたのを見聞したが、大鵬への国民栄誉賞は、大鵬が土俵を去った引退時、あるいは遅くとも生前に授与されていてしかるべきであったと思う。

ちなみに元横綱千代の富士（九重親方）は、現役の横綱であった１９８９（平成元）年9月に国民栄誉賞を受け、１９９１（平成3）年5月に引退している。

国民栄誉賞受賞者にケチをつける気持は毛頭ないが、その時の権力者のサジ加減で受賞が決められ、批判的な見解に接しては受賞者も迷惑な話であろう。

戦前の横綱玉錦や戦後の大横綱大鵬をはじめ、佐賀ノ花と大麒麟の両大関、さらには後にプロレス界で人気を博した力道山らを輩出し、元横綱初代若乃花も入門、一時在籍した名門・二所ノ関部屋の初場所後の閉鎖が１月９日に分かった。

昨秋から頭部の疾患のため長期入院中で、今年11月九州場所後に定年退職となる師匠の二所ノ関親方（元関脇・金剛）、北陣親方（元関脇・麒麟児）、湊川親方（元小結・大徹）の３人と三段目以下の力士３人、行司、床山が松ヶ根部屋へ転籍し、富士ケ根親方（元小結・大善）は春日野部屋に移った。

現役時代に所属した二所ノ関部屋を気にかけながら、その閉鎖が明らかになった10日後の１月19日に亡くなった大鵬の納谷幸喜さんは、10年１月の理事長選に貴乃花親方（元横綱）が二所一門の破門覚悟で立候補し、初当選した際に大いにバックアップしていた。その大鵬・納谷氏に乞われた形で貴乃花グループに加わった間垣親方が体調不良などで部屋運営も困難となり、春場所限りで間垣部屋も閉鎖されることが１月26日に明らかになった。

間垣親方は、１９８３年に二子山部屋から独立、間垣部屋を創設し、五城楼（浜風親方）ら８人の関取を育てたが、07年３月に脳の疾患のため手術を受けて、車いすの生活に入った。その後、部屋の力士の不祥事が続き、08年には幕内若ノ鵬が大麻取締法違反（所持）

容疑で逮捕され、日本相撲協会から解雇となり、親方も協会理事を辞任した。そして11年には八百長問題で十両若天狼が引退するなど、間垣親方は、苦境に立たされてきた。さらに、10年の理事選に出馬が確定的であった鳴戸親方（元横綱・隆の里）とは同郷の青森から同じ夜行列車で上京し、揃って二子山部屋に入門し、ともに横綱にもなり、盟友であったにもかかわらず、間垣親方は、その理事選で貴乃花支持に回ったこともあって、鳴戸親方が出馬を断念する事態に至ったことに対する自責の念にかられているであろうと察する。

それにしても、貴乃花グループに属していた間垣部屋の間垣親方や幕下以下4力士が、伊勢ヶ濱一門の伊勢ヶ濱部屋に移籍することになったのは、すでに一門の結束が弱くなってきていたとはいえ、また間垣親方と伊勢ヶ濱親方（元横綱旭富士）が同じ青森県出身とはいえ、意外というほかはなく、貴乃花親方の理事誕生の余波が今になっても打ち寄せ、各一門、殊に二所一門と貴乃花グループの各部屋の動静は今後も注目されよう。

なお、間垣親方が12月20日に健康上の理由で退職した。弟子の照ノ富士が大きく飛躍しただけに、まだ60歳の親方が協会を去ることには、親方自身が誰れよりも無念な思いであろうが、淋しさを禁じえない相撲ファンも多いに違いない。

4、高見盛の引退と3親方の定年退職

元小結高見盛（東関部屋）が1月27日の初場所千秋楽後に引退を表明した。今後は年寄「振分」を襲名し、同部屋付き親方として後進の指導にあたる。

99年春場所に幕下付け出しでデビューし、00年名古屋場所で新入幕を果たした高見盛は、右膝のケガで幕下にまで陥落するも、02年春場所で再入幕し、小結を2場所経験、その間、幕内在位通算58場所で、三賞を5回（殊勲1、敢闘と技能各2）も受けたが、11年秋場所以降、十両での土俵であった。

仕切りの前に顔や胸をたたく所作や勝てば胸を張って、逆に負けると肩を落とし、うつむいて花道を引き上げる姿が見られなくなるのは何としても淋しいが、不祥事続出での人気低迷期に多くのファンを引き付けた数少ない功労者の一人であったことは間違いない。

初場所後、定年退職を迎えたのは武蔵川親方（元横綱・三重ノ海）、放駒親方（元大関・魁傑）の両理事長経験者と中村親方（元関脇・富士桜）の副理事長経験者という相撲協会の重職を担った3人であった。

なお、1月31日の理事会で、武蔵川親方＝石山五郎氏の定年退職（2月4日）と同時に相撲博物館館長就任が決まった。

5、日馬の連覇で大阪初優勝なるか春場所

（1）大阪4連覇で雪辱期す白鵬

初場所、全勝優勝の日馬富士が横綱3場所目で初めて東横綱となり、白鵬が09年九州場所以来、19場所ぶりの西横綱として春場所を迎えた。

初場所で師匠の伊勢ヶ濱親方（元横綱・旭富士）を上回る5回の優勝を果たした日馬富士は、春場所と九州では優勝していないだけに東横綱の面目にかけても、この場所で優勝を飾りたいところであった。

一方、9、10、12年春場所3連覇中（八百長問題で11年は中止）である白鵬は、入幕以降の春場所の成績（88勝16敗・勝率8割4部8厘）で他を圧しており、東横綱への巻き返しのためにも優勝を逃せない場所であった。

4人の大関よりも地元（大阪府寝屋川市出身）ということもあり、6場所連続関脇の地位を保つ豪栄道が注目を集めたようだ。昨年九州場所で11勝するも先場所（初場所）が8勝で終わっただけに、2桁の勝星を積み上げ来場所以降の大関昇進につなげてほしい。同じく地元（大阪府交野市出身）の勢（いきおい）のほか、自己最高位の東前頭筆頭で春場所を迎えた高安の相撲が横綱をはじめ役力士を苦しめるかという点も見どころとなった。

新入幕力士は、学生相撲出身の双大竜と大岩戸で、ともにスロー出世が話題となった。近大で学生横綱にもなった大岩戸は、新十両から46場所での新入幕で、戦後2位タイのスロー出世であり、学生相撲出身者の新入幕でも初土俵から53場所を要し、歴代3位の遅咲きとなった。東農大出身の双大竜も、初土俵から新入幕まで46場所を要し、大岩戸に続く4位の遅咲きである。両力士の新入幕は、相撲関係者のみならず多くの人々を勇気付けることになったといえよう。

今年から日本相撲協会は、新弟子確保のため、春場所前の中学卒業見込み者に限り、167センチ以上の身長基準を165センチとして2センチ緩和した。この緩和措置で2人が恩恵に浴した。

例年、卒業時期と重なり、いわゆる就職場所でもある春場所も、中学卒業を義務付ける規定の定着した1973年以降、11年36人、12年34人と2年連続で最小記録を更新していた新弟子の今春の受験者が39人で、3年ぶりに増加した。また、前年比10人増の今年の初場所の新弟子16人と春場所の39人の計55人というのは、あと1人で昨年の総数に迫ったことになる。

初場所は、前年より大入りが1日多い6日となり、客足の増加傾向を相撲協会も感じているようで、相撲人気回復の兆しが見えてきたのは喜ばしいが、それだけに、力士など相撲関係者は、充実した相撲の内容で応えることを忘れてはならない。

(2) 千秋楽給金相撲力士の勝敗

7勝7敗で千秋楽の土俵に上がったのは、つぎにみるように11力士(幕内6、十両5)で、そのうち給金相撲同士の十両2組を除けば幕内2力士が勝ち越し、5力士(幕内4、十両1)が負け越した(2勝5敗)。

勝〈幕内〉
○翔天狼（東11）——時天空（東3）「5・10」
○大　道（東15）——阿　覧（東5）「8・7」
負〈幕内〉
×松鳳山（西4）——豪栄道（関脇）「10・5」
×豊ノ島（東4）——栃煌山（小結）「10・5」
×旭天鵬（西8）——　勢（西3）「4・11」
×千代の国（東14）——佐田ノ富士（西13）「9・6」
負〈十両〉
×天鎧鵬（西5）——木村山（東11）「7・8」
「給金相撲同士の取組」
〈十両〉　勝——————負
貴ノ岩（西4）——鏡　桜（西12）
玉飛鳥（東6）——明瀬山（東12）

（3）白鵬24回目の優勝を9回目の全勝優勝で飾る

24回目の優勝を13日目で2場所ぶりに決めていた白鵬が千秋楽結びの一番で日馬富士を破り、10年秋場所以来の全勝優勝（9回目）を果たした。これまで全勝優勝の回数8回で並んでいた双葉山、大鵬の両横綱を抜くとともに幕内通算650勝で元大関小錦を抜き、単独8位となった。また、白鵬の中日勝ち越し26回は、単独1位で2桁連続勝利37場所というのも1位タイとした。

白鵬の対抗馬と目された日馬富士は、昨年九州場所と同じ9勝に終わり、6場所連続関脇の豪栄道と4大関の全員に土をつけた小結栃煌山が10勝した。

三賞は、敢闘賞の隠岐の海だけで、受賞者1人というのが2場所連続となった。

大関降格後、関取として68場所目となる今場所、東十両9枚目で大きく負け越し（3勝12敗）、幕下への降格が確実となった元大関雅山が現役引退を表明した。今後、年寄「二子山」を襲名し、部屋付き親方となる。

00年夏場所後に所要12場所（昭和以降最速タイ）で大関昇進し、横綱武蔵丸を筆頭に武双山（藤島親方）、出島（大鳴戸親方）の両大関と武蔵川部屋の隆盛期を支えた雅山は、ケガなどで大関在位8場所と短かかったが、06年夏、新大関であった白鵬に唯一土をつけ、関脇で14勝し、優勝決定戦にも進み、翌場所も10勝した。しかし協会からは、あと1勝ほしかったとして、大関復帰できなかったという悲運もあった。

また、10年の野球賭博関与で十両落ちしたが、先場所までの幕内在位が歴代9位の82場所に及んだ雅山は、優勝を経験しないものの三賞を8回（殊勲2、敢闘5、技能1）も受け、幕内成績は599勝563敗68休で、通算成績は654勝582敗68休であった。

（4）部屋別勝越数・勝率トップテン

この場所では、勝越数の部屋別トップテンは、つぎのとおりであった。（また、勝率の部屋別トップテンを併記した）

順位	部屋名	勝越数	勝・負	出場力士	(勝率)割分厘	勝率トップテン
1	立浪	26	59・33	14	641	②
2	北の湖	24	83・59	18	584 5	④
3	宮城野	17	48・31	9	607	③
4	伊勢ケ濱	16	83・67	17	553 3	⑧

5	貴乃花	15	57・42	13	575	⑤
6	九重	12	56・44	12	560	⑥
7	高田川	11	76・65	21	(539)	
8	高砂	9	47・38	11	552	⑨
9	間垣	8	18・10	4	642	①
10	境川	6	94・88	21	(516)	
10	松ヶ根	6	37・31	9	544	⑩
10	大嶽	6	31・25	8	553 5	⑦

なお、部屋別勝越数第1位であった立浪部屋と部屋別勝率第1位であった間垣部屋の出場力士の各成績は、つぎのようであった。

〈立浪部屋〉

幕　下　竜王浪　6勝1敗
同　　　海道浪　5勝2敗
同　　　明生（めいせい）　3勝4敗
三段目　大鷹浪（だいおうなみ）　2勝5敗
同　　　豊乃浪　6勝1敗
同　　　力真（りきしん）　5勝2敗
同　　　羅王丸（らおうまる）　4勝3敗
同　　　越ノ浪　4勝3敗

序二段　北洋山（ほくようざん）　5勝2敗
同　　　華吹（はなかぜ）　3勝4敗
同　　　飛天龍（ひてんりゅう）　6勝1敗
同　　　鬼怒ノ浪（きぬのなみ）　6勝1敗　序二段優勝
同　　　小桜（こざくら）　3勝4敗
序ノ口　良貴山（りょうきざん）　1勝0敗6休

〈間垣部屋〉

幕　下　若三勝（わかみしょう）　5勝2敗
三段目　若青葉　5勝2敗
同　　　駿馬　5勝2敗
序二段　奈良三杉　3勝4敗

6、給金相撲12場所の総括

11年5月（技量審査場所）から13年3月（春場所）までの12場所における千秋楽の土俵が給金相撲となった関取（ただし7勝7敗同士の対戦を除く）の勝敗を、つぎの表のように、まず、給金相撲の勝力士①が、勝ち越し決定済の相手②（当該場所の勝敗数を併記、以下③⑤⑥も同様）から勝ったケースと負け越し決定済の相手③から勝ったケースを、また、給金相撲負け力士④が勝ち越し決定済の相手⑤に負けたケースと負け越し決定済の相手⑥に負けたケースをそれぞれ取り上げた。

さらに、②③⑤⑥を各上下2段に分け、上段では、地位が上の給金相撲力士①と④が対戦した（地位が下の）相手とのケースを、また下段では地位が下の給金相撲力士①と④が対戦した（地位が上の）相手とのケースをそれぞれ配置している。

年	2011(平成23)											
場所	5月(技)		7月(名)		9月(秋)		11月(九)		1月(初)		3月(春)	
	幕内	十両	幕内	十両	幕内	十両	幕内	十両	幕内	十両	幕内	十両
勝力士①	2	2	3	0	3	2	1	1	2	3	2	2
勝ち越し済相手②		9-6	8-7		10-5			12-3	11-4 8-7			
	8-7 8-7		9-6				9-6			8-7		9-6
負け越し済相手③			6-9							6-9	4-11 4-11	
		5-10			5-10 6-9	5-10 4-11				4-11		6-9
負力士④	4	0	3	0	2	1	2	0	0	0	1	1
勝ち越し済相手⑤					10-5	9-6	9-6					
	12-3		10-5		9-6		10-5					
負け越し済相手⑥												6-9
	3-2-10 4-11 7-8		5-10 5-10								5-10	

2013(平成25)				2012(平成24)							
(春)3月		(初)1月		(九)11月		(秋)9月		(名)7月		(夏)5月	
十両0	幕内2	十両2	幕内7	十両4	幕内3	十両3	幕内4	十両2	幕内3	十両3	幕内1
			9-6 9-6 12-3	8-7	8-7	9-6	10-5 10-5 8-7		9-6		
	8-7		8-7 8-7		8-7	9-6		10-5	8-7	9-6 8-7	10-5
		2-13		5-10			6-9	6-9	6-9		
	5-10	6-9	4-11 6-9	6-9 5-10	6-9	6-9				6-9	
十両1	幕内4	十両1	幕内2	十両1	幕内0	十両3	幕内3	十両2	幕内2	十両2	幕内2
		12-3	10-5					10-5	11-4 9-6		12-3
	10-5 10-5 9-6		9-6	9-6			9-6	9-6		9-6	9-6
7-8						7-8	6-9				
	4-11					6-9 5-10	7-8			5-7-3	

右表の12場所における①〜⑥の力士数を合計すればつぎの通りである。

11年5月〜13年3月			
	十両	幕内	計
①	24	33	57
②	4	12	16
	6	10	16
③	4	5	9
	10	6	16
	十両	幕内	計
④	12	25	37
⑤	3	6	9
	3	10	13
⑥	3	1	4
	3	8	11

そこで、以下の点が明らかになった。

（i）取り上げた給金相撲94の取組では、57勝（①の計）37敗（④の計）で、そのうち幕内では33勝25敗、十両では24勝12敗であった。

（ii）勝ち越し済の相手力士との対戦では32勝（②の計）22敗（⑤の計）で、そのうち幕内22勝16敗、十両10勝6敗であった。

（iii）負け越し済の相手との対戦では25勝（③の計）15敗（⑥の計）で、幕内11勝9敗、十両14勝6敗であった。

（iv）勝ち越し済の下位力士との対戦では、16勝（②の上段計）9敗（⑤の上段計）で、幕内12勝6敗、十両4勝3敗となる。

(v) 勝ち越し済の上位力士との対戦では、16勝(②の下段計)13敗(⑤の下段計)で、
幕内10勝10敗、十両6勝3敗となる。

(vi) 負け越し済の下位力士との対戦では、9勝(③の上段計)4敗(⑥の上段計)で、
幕内5勝1敗、十両4勝3敗となる。

(vii) 負け越し済の上位力士との対戦では、16勝(③の下段計)11敗(⑥の下段計)で、
幕内6勝8敗、十両10勝3敗となる。

右の(i)〜(vii)それぞれを勝率で表示すれば、つぎのとおりである。

勝率 / (i)〜(vii)	幕内・十両 割分厘	幕内 割分厘	十両 割分厘
(i)	606	569	667
(ii)	593	578	625
(iii)	625	550	700
(iv)	640	667	571

(v)	552	500	667
(vi)	692	833	571
(vii)	593	429	769

このように取り上げてきた給金相撲94の取組全体の勝率（i）は、6割6厘であるが、幕内と十両を分けてみると、十両の方は勝率が6割6分7厘で1割近く幕内のそれを上回る。

また、幕内と十両込みの勝率が6割2分5厘となる「負け越し済の相手との対戦」（iii）では、十両に限れば勝率が7割となる。そして、その負け越し済の相手のうち上位相手との対戦（vii）に絞れば、十両では7割6分9厘の勝率に達するが、逆に幕内の場合は、相手力士の開き直り、あるいは給金相撲力士の緊張からか、4割2分9厘へと勝率を大きく下げるという著しい差異がみられた。

右の表中、最も勝率の高いのは「負け越し済の下位力士相手との対戦」（vi）であり、幕内と十両のトータルでは、6割9分2厘となり、幕内に限れば、8割3分3厘にも達している。それだけに給金相撲力士の対戦相手に「負け越し済の下位力士を当てるのは望ましくない。特に、そのような幕内の取組では相手の下位力士が位負けするかのようだ。「勝ち越し済の上位力士相手との対戦」(ⅴ)では、給金相撲力士の勝率が5割5分2厘と低く、幕内の取組に限れば、5割にとどまるのは、相手力士が三賞に絡むとか勝ち越し済で思い切った相撲を取れる場合が多いのではないかと推察する。逆に「勝ち越し済の下位力士との対戦」(ⅳ)では、給金相撲の幕内力士は、かなり高勝率の6割6分7厘である。

中澤潔氏がいわれるように(『大相撲は死んだ―「過去の過ち」を認めない人たち』)、「どういう形であれ、あらかじめ勝負が決まっているのであれば、それはすべて八百長である」(25ページ)。「1対1の戦いである相撲では、あらかじめ事前に勝敗を決め、その通りの結果を出すことは容易である」(28ページ)。それゆえに、対戦する力士のどちらか一方が気を利かして負けるような相撲を排除する姿勢は、常に堅持されなかればならない。筆者が部屋別の成績をも重視し、その点を表彰制度に加えることなどを主張するのは、力士が真剣勝負に徹してもらいたいからである。

7、蒼国来の勝訴

大相撲の八百長問題で日本相撲協会から解雇された元幕内蒼国来が解雇処分を無効として提起した訴訟は、蒼国来の勝訴となり、後述するように同協会は控訴を断念した。

もともと、25人に及ぶ力士と親方を角界から追放するという不祥事は、11年2月に携帯電話のメールで発覚した。その携帯メールには13人の名前があったが、蒼国来をはじめ12人は物的証拠のないまゝ、八百長を自ら認めた元春日錦と千代白鵬や八百長の仲介役を務めた元恵那司らの供述などで関与が認定された。そのようななかで一貫して八百長関与を否定していた蒼国来は、11年4月に引退勧告処分を受けたが、勧告に応じず3日後の4月11日に解雇された。

当時から日本相撲協会は、新公益財団法人認定に向けた組織改革に取り組んでいる最中であったことも手伝ってか、八百長問題の決着を急ぎ、十分かつ慎重な調査を経なかったとする指摘があったのも事実である。

春場所を終えた翌日の3月25日には、大相撲の八百長問題で、日本相撲協会を解雇された元幕内蒼国来の解雇無効の訴えが東京地裁で認められた。古久保正人裁判長は、10年5月（夏場所）の蒼国来と春日錦の取組が「故意による無気力相撲」であったとするには証拠不十分と判断した。

判決は、元春日錦の供述が変わり、具体性のないことを指摘し、八百長相撲の仲介役であった元幕下恵那司も問題とされた取組の仲介した記憶がないことから、無気力かどうか明らかではないとした。

また、判決は、引退勧告を出した当時、協会の無気力相撲懲罰規定に解雇処分がなかったので解雇処分の手続は違法と認め、さらに引退勧告に応じない力士を永久に放逐する裁量権が八百長問題に関して個々の力士より責任大なる協会にあるかどうかという点についても疑問を呈した。

そこで、蒼国来の解雇無効判決後、相撲協会は危機管理委員会（委員長、宗像紀夫・元東京地検特捜部長）で検討の結果、さきの判決をくつがえす材料に乏しいと判断し控訴を断念し、裁判での地位確認に伴い、非を認めることになった。この異例の復帰が約2年3ヵ月ぶりに決まった蒼国来と師匠の荒汐親方（元小結大豊）と協会側が面談の結果、蒼国来は、稽古に約3ヵ月の期間を充て、7月の名古屋場所から解雇時（11年初場所）の西前頭

15枚目で復帰することになった。また、蒼国来の解雇取り消しとともに荒汐親方に対する降格処分も取り消された。

そして、日本相撲協会の危機管理委員会は、メディアなどから求められている当時の八百長問題に関する外部有識者による特別調査委員会（座長、伊藤滋・早稲田大学特命教授）の調査の在り方を検証し、「誤認」の生じた原因究明に着手するようであり、相撲協会も角界を追放された他の元力士らも申し出があれば調べるという。なお、蒼国来と同様に「引退勧告」を拒否し、解雇された元十両星風は、1、2審とも敗訴しており（上告中）、蒼国来の勝訴が引退勧告に応じて退職金を受け取り引退した元力士らに影響するとは思えない。たしかに、25人の処分を下したのは拙速であったという見解もあろうが、その当時（11年4月）には、ほかに10数人の疑わしい力士がいたということからすれば、蒼国来の提訴とその結果の処分取消・角界復帰は、甘い処分という汚名を拭い去る役割を果すと解されなくもない。

いずれにしても、7月の名古屋場所から復帰・出場する蒼国来がどのような相撲を見せるか、また相撲ファンがどのような気持で迎え入れるかなどは、大きな関心事となる。

8、「一門」の結束再構築か　―出羽海一門の「合同稽古」―

例年の正月に年1回行う「連合稽古」（参加を義務づけている）とは異なり、参加は自由という出羽海一門の「合同稽古」が5月3日に北の湖部屋（東京都江東区）であり、十両以上の関取18人らが参加したようで、この「合同稽古」を6日まで続けることが明らかになった。

現在、一門には大関以上がゼロという状況から北の湖理事長（元横綱）らの提案で実現したそうだ。

２０１０（平成22）年2月の理事長選で貴乃花親方が二所一門を離脱し、理事に当選したことに象徴されるように、相撲界における「一門」に対する帰属意識が薄らいできたのは否定できないところであった。その後も、つぎの事実がある。

①元小結大潮の式秀親方の定年退職に伴ない元前頭北桜（北の湖部屋所属）が式秀を継承したことで、時津風一門の式秀部屋が出羽海一門に移った。

②富士ヶ根親方（元小結・大善）は、所属していた二所ノ関部屋が松ヶ根部屋に合流した

際に出羽一門の春日野部屋に転籍した。

③貴乃花グループに属していた間垣部屋の間垣親方をはじめ同部屋の力士、呼び出し、床山全員が伊勢ヶ濱部屋に転属した。

このような部屋ごとが別の「一門」に移ったり、親方が別の「一門」に転籍したりする最近の動向＝「一門」の乱れは、逆に「一門」の結束を強める必要に改めて迫られているとみてとれる。

さきの出羽海一門（関取70人中、28人を占める）の「合同稽古」は、「一門」の結束を強める意図が明白である。それだけに、2横綱を擁する伊勢ヶ濱一門や4大関中、3大関を占める二所ノ関一門をはじめ、他の「一門」・グループが今後どのような反応を示すかも注目に値しよう。

なお、13年夏場所の番付表から「一門」ごとの各部屋の関取数は、つぎのようである。

出羽海一門（28人）

春日野 6人　木瀬 6人　境川 4人　尾上 3人　北の湖 3人　玉ノ井 2人

千賀ノ浦 1人　入間川 1人　三保ヶ関 1人　藤島 1人

高砂一門（8人）
九重 5人　八角 2人　高砂 1人
貴乃花グループ（4人）
阿武松 3人　貴乃花 1人
二所ノ関一門（12人）
鳴戸 4人　佐渡ケ嶽 3人　尾車 2人　片男波 2人　松ヶ根 1人
伊勢ヶ濱一門（11人）
伊勢ヶ濱 4人　友綱 4人　宮城野 2人　朝日山 1人
時津風一門（7人）
時津風 3人　井筒 1人　伊勢ノ海 1人　鏡山 1人　錣山 1人

9、年寄名跡、若者頭、世話人に関する規定　―世話人・王湖さんの死去に思う―

大相撲世話人で元幕内王湖（鈴木伊津男）さんが4月24日、肺炎のため56歳の若さで亡くなった。幕内在位が新入幕を果たした82年名古屋場所の1場所だけであった王湖さんは、85年九州場所で引退し、元幕内力士として初めて世話人に転向した。

当時、年寄名跡に空きがなかったので、元幕内力士でありながら、世話人に転向せざるをえなかったと報じたメディアもあった。

現役を引退した力士のなかには、周知のように現在も大きな問題になっている年寄名跡を取得して、いわゆる親方になる人のほか、若者頭とか、王湖さんのように世話人として、その業務に就く人もいる。

そこで、年寄（親方）、若者頭、世話人になる資格を以下にみておこう。

年寄は、平成21年5月13日改正の「日本相撲協会寄附行為」及び「寄附行為施行細則」では、力士が現役を引退して後に年寄名跡を襲名継承した者と定められている。また年寄名跡の襲名継承資格は、日本国籍を有する者で、横綱、大関に在位した力士、三役を1場所以上、幕内を通算20場所以上、幕内・十枚目（十両）つまり関取を通算30場所以上をつとめた力士に限られる。なお、後継に指名されている場合はさらに緩和される。（後述）

若者頭は、「日本相撲協会寄附行為施行細則」で十枚目力士・幕下で現役を引退した後に、適格者として協会に新規採用されて規定の業務を行う者と定められており（定員は8

名以内で）力士養成員の監督にあたるとともに、相撲競技その他に関して上司の指示に従って服務することになっている。

世話人は、「日本相撲協会寄附行為施行細則」で十枚目力士・幕下力士で現役を引退した後に、適格者として協会に新規採用されて規定の業務を行う者と定められており（定員は8名以内で）相撲競技用具の運搬や保管の任に当たるほか、上司の指示に従って服務することになっている。（平成25年春場所終了時点では世話人として12名が採用されていた）

右の規定では明らかに若者頭や世話人には十両力士・幕下力士で協会が適格者と認められた者が予定されている。そして役力士の経験がなく、幕内経験が20場所に満たず、十両の場所と通算しても30場所に満たない元幕内力士は、年寄名跡取得の有資格者でないことになる。もっとも後継に指名されている場合の緩和規定もあり、現に元十両力士でも年寄名跡の襲名継承者は存在する。

このようにみてくると、年寄名跡取得の有資格者が引退時に（年寄名跡の）空きがない場合や幕内経験が20場所に満たず十両の場所と通算しても30場所に満たない元幕内力士は、不運でもあり、気の毒な立場に置かれることになる。

昭和60年代から平成に入った数年の間には元幕内力士の琴千歳、花ノ国、栃乃藤の3氏が若者頭に、また王湖さんと同様に元幕内力士の斉須氏が世話人になっている。

なお、日本相撲協会が13年12月20日に発表したところによれば、元前頭の宝千山（境川部屋）は、従来の年寄名跡襲名規定（原則として「幕内・十両通算30場所以上」）に1場所足りない通算29場所であったが、年寄「君ケ濱」を襲名した。このケースは、13年11月の九州場所中に、通算28場所でも理事会決議で可能とした名跡襲名緩和処置が適用されたことになるが、協会の臨機応変な対応というべきか、それとも、ご都合主義として批判されるべきか考えさせられるところではある。

Ⅴ　大相撲改革期・2013年の中盤

1、白鵬の連覇の可能性大きい夏場所

(1) 意欲的な稀勢の里に期待する声も

通算25回目（朝青龍に並ぶ歴代3位）の優勝の懸る白鵬が春場所の全勝優勝の勢いを持続して連覇を狙う。

白鵬に立ちはだかる一番手に挙げられる大関稀勢の里は、10勝5敗（最近の5場所連続）の壁を突破する意欲を見せ、珍しく一門外の境川部屋の稽古に出向いたようだ。

また、春場所で、ともに10勝した関脇豪栄道と小結栃煌山には大関昇進の足場を固めてもらいたいところである。

待望の新小結となった隠岐の海は、これまで幕内通算17場所で、前頭筆頭を3度経験し、

2度は負け越したが、11年秋場所では、西前頭筆頭で勝ち越し（8勝7敗）したにもかかわらず、続く九州場所も東前頭に回るにとどまるという不運を味わっただけに、小結の地位を守ってほしい。

軽量の上に両足首の古傷も心配な横綱日馬富士と6度目のカド番の土俵に上る大関琴欧洲がピンチを切り抜けるかどうかも気懸りな場所である。

(2) 千秋楽給金相撲力士の勝敗

7勝7敗で千秋楽の土俵に上ったのは、つぎにみる11力士（幕内7、十両4）で、そのうち給金相撲同士の力士（幕内2、十両4）を除く幕内の3力士が勝ち越し、2力士が負け越した（3勝2敗）。

勝〈幕内〉
○琴欧洲（大関）——鶴　龍（大関）「10・5」琴欧洲、大関陥落まぬがれる
○富士東（東7）——誉富士（西15）「5・10」
○豊　響（西10）——高　安（西5）「8・7」

負〈幕内〉
×豊ノ島（西4）——豪　風（西6）「9・6」
×舛ノ山（西13）——常幸龍（西7）「4・11」

「給金相撲同士の取組」
〈幕内〉勝————負
　嘉　風（東6）——大　道（東13）
〈十両〉勝————負
　貴ノ若（東2）——徳真鵬（東10）
　鳰の湖（西5）——鬼　嵐（西9）

（3）白鵬の朝青竜に並ぶ25回目の優勝　―2場所連続の全勝優勝で―

この場所の終盤まで13連勝で並走した稀勢の里を14日目に倒した白鵬が、2場所連続25回目の優勝を全勝で飾り、連勝も「30」に伸ばすとともに自身の持つ史上最多の全勝優勝回数も「10」とした。また、白鵬の2連覇は、2011年秋と九州場所の両場所以来で、東京場所の優勝も11年秋場所以来の1年8ヵ月ぶりである。

横綱候補としても一番手で、13日目まで連勝を重ねた稀勢の里が14、15日目に連敗したとはいえ、その終盤までの活躍から来場所の成績次第では横綱昇進の可能性を首の皮一枚残しているかのようである。千秋楽の館内での優勝インタビューで白鵬が稀勢の里を「応援してやってください」といった心遣いに稀勢の里自身、どのように応えるか楽しみである。

琴欧洲は、6度目のカド番を辛ろうじて千秋楽に脱したが、大関候補として期待されている豪栄道と栃煌山が負け越しで終わったのは残念である。

関脇や小結が不振であったなかで、1横綱、2大関を破り11勝4敗で5度目の技能賞を手にした東前頭筆頭の妙義龍には大きく飛躍してもらいたい。

(4) 部屋別勝越数・勝率トップテン

この場所では、勝越数の部屋別トップテンは、つぎのとおりであった。(また、勝率の部屋別トップテンを併記した)

順位	部屋名	勝越数	勝・負	出場力士	(勝率)割分厘	勝率トップテン
1	佐渡ケ嶽	22	142・120	34	(5 4 1 9)	
2	境川	21	99・78	21	5 5 9	⑦
2	片男波	21	43・22	7	6 6 1 5	②
4	木瀬	17	141・124	31	(5 3 2)	
5	九重	16	77・61	14	5 5 7 9	⑧
6	大嶽	13	31・18	7	6 3 2 6	③
6	時津風	13	57・44	11	5 6 4	⑥
6	追手風	13	66・53	17	5 5 4 6	⑨
6	阿武松	13	75・62	16	5 4 7	⑩
6	錣山	13	1・68	21	(5 4 3 6)	
	鏡山	(8)	15・7	2	6 8 1 8	①
	井筒	(8)	22・14	4	6 1 1	④
	東関	(8)	32・24	8	5 7 1	⑤

なお、部屋別勝越数第1位であった佐渡ケ嶽部屋と部屋別勝率第1位であった鏡山部屋の出場力士の各成績は、つぎのようであった。

〈佐渡ケ嶽部屋〉

大関	琴奨菊	11勝4敗	
同	琴欧洲	8勝7敗	
十両	琴勇輝(ことゆうき)	13勝2敗	十両優勝
幕下	琴弥山(ことみせん)	4勝3敗	
同	琴国	4勝3敗	
同	琴恵光(ことえこう)	3勝4敗	
同	琴宏梅(ことこうばい)	5勝2敗	
同	琴福寿	3勝4敗	
同	琴欣旺(こときんおう)	3勝4敗	
三段目	琴鳳	3勝4敗	
同	琴太豪(ことだいごう)	3勝4敗	
同	琴大信	5勝2敗	
同	琴大龍	2勝5敗	
同	琴の秀(ことしゅう)	4勝3敗	
同	琴翼(ことつばさ)	4勝3敗	
同	琴陸山(ことりくざん)	2勝5敗	
同	琴大樹(ことたいき)	3勝4敗	
同	琴松尾	2勝5敗	

序二段　琴誠剛（ことせいごう）　6勝1敗
同　琴明山（ことみようざん）　5勝2敗
同　琴隼（ことはやと）　6勝1敗
同　琴虎　2勝5敗
同　琴大興（ことたいこう）　4勝3敗
同　琴乃島　3勝4敗
同　琴吹雪　2勝5敗
同　琴工藤　4勝3敗

同　琴吉兼　3勝4敗
同　琴大和（ことやまと）　4勝3敗
同　琴全翔　5勝2敗
同　琴真鍋　2勝5敗
同　琴大村　4勝3敗
同　琴宇留賀　3勝4敗
序ノ口　琴小島　3勝4敗
同　琴宮倉　4勝3敗

〈鏡山部屋〉
十両　鏡桜　12勝3敗
三段目　竜聖　3勝4敗

2、白鵬の連勝どこまで続くか名古屋場所

（1）稀勢の里に気の毒な横綱待望論

横綱審議委員会が「大関で2場所連続優勝、またはそれに準じる成績」と定めている横綱昇進に関するハードルを下げるような雰囲気が先場所終了時から生じている。その夏場所14日目に白鵬との全勝対決で敗れ、千秋楽も黒星を喫した稀勢の里が名古屋場所でも準優勝なら、横綱に昇進することもありうると日本相撲協会の北の湖理事長は発言したらしい。また、その意を汲むかのように横綱審議委員会（内山斉委員長・読売新聞グループ本社顧問）が「名古屋で優勝しなくても14勝なら」と昇進を認める意向との報道も見られた。たしかに、相撲人気回復には日本人横綱の誕生を待望する気持は理解できなくもないが、弱い横綱には真先に厳しい苦言を呈する協会理事長や横審の委員長が横綱昇進条件を引き下げるのは褒められたものではない。

稀勢の里の名古屋場所での綱取りには、メディアは、元横綱の二人の親方が疑問視、問題視する発言も報じている。筆者は、横綱経験者の発言に重みを感じ、賛意を表したい。

この名古屋場所も優勝候補の最右翼と思われる白鵬には双葉山の連勝記録へ挑むラストチャンスと肝に銘じて頑張ってほしい。

八百長問題に関与したとされ、解雇処分を受けた蒼国来が裁判で勝訴して幕内復帰の土俵でどのような相撲を見せるかも注目される。

左ひざの古傷を抱え、この名古屋場所（東前頭6枚目）の休場が明らかになった元大関把瑠都は、途中出場せず、全休ともなれば、十両への転落も避けられないようである。元大関が十両で土俵に上ることになれば、大受（朝日山親方）、雅山（二子山親方）に続く三人目になるらしいが、かつては、横綱に最も近いと思われたこともある把瑠都にとっては、左ひざの古傷がなければという無念な思いであろう。

(2) 千秋楽給金相撲力士の勝敗

7勝7敗で千秋楽の土俵に上ったのは、つぎにみる10力士（幕内6、十両4）で、給金相撲同士（十両1組）を除けば、幕内3力士が勝ち越し、幕内3力士と十両2力士が負け越した（3勝5敗）。

勝〈幕内〉

○妙義龍（関脇）――隠岐の海（西6）「9・6」

○豪栄道（関脇）――豊ノ島（西5）「6・9」

○北大樹（西8）――琴勇輝（西12）「8・7」

負〈幕内〉

×千代大龍（東3）――高　安（西1）「9・6」

高安、殊勲章受章

×嘉　風（西7）――若の里（東15）「7・8」

×舛ノ山（東14）――豊　響（東8）「9・6」

負〈十両〉

×貴ノ岩（東1）――常幸龍（西前頭13）「6・9」幕内と十両の入替戦？

×丹　蔵（東11）――大砂嵐（おおすなあらし）（西9）「10・5」

「給金相撲同士の取組」

〈十両〉勝――――――負

若荒雄（西12）――大喜鵬（西7）

（3）白鵬43連勝で止まるも3場所連続、26度目の優勝

白鵬は、12日目の対戦相手、琴奨菊を左からの上手投げで仕留めた直後、顔をしかめ右脇腹に右手を当てた。勝ち残りの土俵下であぐらをかくことができず、しばらく腰をかがめたままの様子がテレビにも映った。前日の11日目に鶴龍戦で右脇腹の筋肉を痛めていたらしい白鵬は、13日目に3場所連続で26度目（歴代単独3位）の優勝を43連勝で決めた。この13日目での優勝決定も5度目で歴代最多ということである。

右脇腹痛もあってか白鵬は、14日目、稀勢の里に寄り倒された。3年前に白鵬の連勝を63で止めるなど、横綱への期待を一身に集めながら、それに応えられない稀勢の里がまた白鵬の連勝を止めた。

序盤から中盤で3敗しながら、両横綱を破っており、千秋楽を白星で飾れば秋場所での綱取りの可能性も生れそうな稀勢の里は、千秋楽の相撲であっさりと琴奨菊に敗れ、また相撲ファンを落胆させた。

三賞選考委員会で殊勲賞の初受賞が千秋楽の取組前に決まっていた西前頭筆頭の高安は千代大龍の勝ち越し（給金直し）を阻んだ。前頭筆頭で5勝10敗を2度経験した高安は、

この名古屋場所を9勝6敗とし、平成生まれの初の新三役を確定的にした。

場所前から、白鵬が連勝をどこまでのばすか、稀勢の里が綱取りに成功するかなどの話題もあり、満員御礼は7日（昨年の同場所より2日増）、となったが、15日間の懸賞本数は、885本（同場所、過去最多は去年の1048本）にとどまった。

（4）部屋別勝越数・勝率トップテン

この場所では、勝越数の部屋別トップテンは、つぎのとおりであった。（また、勝率の部屋別トップテンを併記した）

順位	部屋名	勝越数	勝・負	出場力士	（勝率）割分厘	勝率トップテン
1	高砂	24	58・34	12	630	①
2	阿武松	23	83・60	17	580	⑧
3	追手風	19	73・54	17	574（8）	⑨
4	荒汐	17	58・41	13	585（8）	④
5	宮城野	16	51・35	10	593	③

6	春日野	14	96・82	12	(539)	
7	芝田山	13	45・32	11	584	⑤
7	尾上	13	32・19	5	627	②
9	千賀ノ浦	11	62・51	15	(5486)	
9	立浪	11	58・47	15	(552)	
	井筒	(6)	21・15	4	583	⑥
	伊勢ノ海	(7)	25・18	5	581	⑦
	湊	(6)	24・18	6	571	⑩

なお、部屋別の勝越数と勝率ともに第1位であった高砂部屋の出場力士の成績は、つぎのようであった。

〈高砂部屋〉

十両	朝赤龍	9勝6敗
幕下	朝天舞	6勝1敗
同	朝弁慶	4勝3敗
三段目	男女ノ里(みなのさと)	4勝3敗
同	朝ノ土佐	5勝2敗
同	神山(しんざん)	4勝3敗
同	朝興貴(あさこうき)	5勝2敗
序二段	朝ノ島	2勝5敗
同	朝乃丈(あさのじょう)	5勝2敗
同	大子錦(だいごにしき)	3勝4敗
同	朝西村	6勝1敗
同	朝上野	5勝2敗

3、疑問符のつく新公益法人移行後の評議員選定

公益財団法人への移行申請を7月下旬から8月上旬に行う方針を固めたと伝えられた13年4月24日の日本相撲協会の公益法人制度改革対策委員会では、懸案の協会と親方の契約関係を討議するなかで、親方を協会の使用人とする雇用契約案と、親方が新法人で強い権限を持つ評議員になることができる委任契約案もあるとして、文科省などと意見調整を重

ねて一本化を目指すことになったらしい。そして7月の理事会で申請案をまとめ、評議員会に諮る運びであることが明らかになった。
　ところが、現在約１００名の全親方らと協会との契約関係の結着をみるどころか、むしろ問題を混乱させる事態になりかねないのである。すなわち、7月5日の臨時評議会で、新公益法人移行後の評議員候補として、つぎの6名を選出した。湊川（元小結・大撤）、大嶽（元十両・大竜）、山響（元幕内・巌雄）の現役親方3名と、外部有識者の鶴田卓彦（元日本経済新聞社社長）、千家尊祐（出雲大社宮司）、小西彦衛（日本公認会計士協会監事）の3氏で、外部からのもう1名は交渉中であることが報ぜられた。そして、候補として選出した6名を同月9日開催の「評議員選定委員会」において正式に評議員と決定した。（交渉中であった外部からの評議員には10月23日に元文部科学副大臣・池坊保子氏が選ばれた）
　多数いる親方衆から湊川親方ら3親方を外部からの評議員とともに臨時評議会や評議員選定委員会で推薦するような動きも不可解であり、また従来、全親方らが評議員で、そのなかから10人の理事が選出されてきたのであるが、この間に、理事の過半数を外部からという提言もあったなかで、さきの評議員7名で、どのような理事を、どのように選出するのかは全く不明である。それゆえに評議員選出の問題点については、筆者は、新公益法人認可申請との関連で改めて言及する。

Ⅵ　新公益財団法人認可申請へ

1、問題を残す年寄名跡と評議員(会)

新公益財団法人への移行期限まで3ヵ月となった8月末、日本相撲協会は、やっと移行案が固まったらしいが、メディアの報じたところによれば、かねてから解決が迫られていた年寄名跡（親方株）の継承問題と現役の親方などが評議員会の構成員になれるか否かの2点は、依然として議論を呼びそうな内容である。

年寄名跡については、後継者の推薦権を認めるが売買を禁じ、指導実態があり、かつ社会通念上許容される程度の額を顧問料として認めるようだ。また新公益法人では、理事長を選任、解任できる評議員会（理事会の監督機関）には、協会の内部の者は入れないので、一部の親方を協会の職務に就かせず、無給とすることで理事会の指揮、影響の及ばない者として評議員の有資格者にするらしい。

しかし、前者の名跡売買が水面下で行われる取引を調べることが可能かどうか、後者の評議員になっても任期後には協会に復職する親方が理事会の指揮・影響下にないといえるのか、等々の不問に付せない指摘がある。また、評議員会の構成員については、「ガバナンス（組織統治）の整備に関する独立委員会」が既に11年に示した、親方OBや学職経験者など外部の人材が担うとした当初案をほごにしたとする見解や、角界のことに不詳な外部の人に評議員を任せてよいのかという懸念も見受けられた。

2、9月14日の「申請」と「認可」の行方をめぐって

財団法人日本相撲協会は、9月14日に新制度の公益（財団）法人認定を内閣府に申請した。

08年12月の新制度の公益法人認定開始から5年の猶予をあたえられながら、遅れに遅れ13年11月末の期限直前に駆け込む形での申請となった。

新制度は従来の公益法人（社団・財団）に補助金や天下りへの批判があったことから、公益事業を担う団体を厳選し、税制上優遇するものである。したがって、税制上の優遇にあずかろうとする従来の公益法人は、この新制度へ次々と衣替えしている。

日本相撲協会は、当初の予定より大幅に遅れ、それでも7月か8月に申請する運びであったが、年寄名跡（親方株）の扱いや、年寄りと協会の契約関係にかかわって、意見の一致を見出すのが難しかったため申請が遅れたことを認めている。

前者の年寄名跡の扱いについては、「指導料」か「顧問料」かということもあったが、いずれにしても、既に指摘のあったように、裏金を生じない保証はないのであり、到底、決着を見たとはいえないというにとどめておこう。

年寄名跡の扱いに劣らず、いやそれ以上に言及しておかなければならないのは、協会理事を選ぶ外部の評議員に親方がなれる道を残すため、「協会とは雇用関係にはない」という定義にかかわる問題である。

現在１００人を超える全親方らが務める評議員のうち、新制度では協会理事の選任、監督、解任など強い権限を持つ評議員のメンバーに入るのは３人に限られるらしい。

事実、７月には右のような権限を持つ評議員は親方３人、外部４人の計７人とし、どのような手続を経て選ばれたのか知らないが8月末の段階で（評議員）候補として、つぎの各氏が挙がっていたのは、さきにみたところである。

湊川、大嶽、山響の現役親方3名と鶴田卓彦、千家尊祐、小西彦衛、池坊保子の4氏の外部有識者である。

新制度の公益法人認定を内閣府に申請した当時、八角広報部長（元横綱・北勝海）と記者会見に同席した外部役員の神山敏夫監事によると評議員になる親方は協会の業務から外れて無給となるため、人材育成業務の委託契約を結んで協会が報酬を支給すると語ったようだ。

しかし、弟子の養成について協会と委託契約を結び協会からの報酬が保証されるのは部屋持ち親方全員とし、部屋付き親方全員とは協会が雇用契約を結ぶというのなら理解できなくもないが、いかなる理由で協会が1人の部屋持ち親方（大嶽親方）と2人の部屋付き親方（湊川、山響両親方）に弟子の育成について委託契約を結び報酬を保証し、評議員とするのかは理解に苦しむ。

日本相撲協会の「公益法人制度改革対策委員会」の一員である深沢武久氏（元最高裁判事）が、評議員になる3人の親方は任期後には協会に戻るはずだと指摘されているところである。

　従来の親方衆などからなる評議員によって一門代表という形で理事が選出され、その理事たちの互選で理事長を決めてきたのも、褒められたものではないが、新公益財団法人への申請内容から明らかなように、理事の選任や解任、決算案の承認などを行う最高議決機関たる評議員会の構成員を選出する方法にも問題なしとしない。

　親方と協会とは雇用関係にないと定義づけるのに時間を要しながら、これまでは評議員会の構成員であった１００人を超える親方らのうちのたった３人の親方に限り協会との雇用関係を否定し、その３人と外部有識者４人で評議員会を構成する日本相撲協会が新公益財団法人として認定されてよいものであろうか、今回の申請に対して内閣府がどのように対応するのか注目されるところである。

　いずれにしても、評議員の選出をめぐる不透明性をはじめとしてここまで迷走してきた日本相撲協会の改革には、まだまだ困難が伴いそうだ。

あとがき

力の込もった大相撲の真剣勝負を見て、力士同様に全身に力が入り、何んともいえない雰囲気を味わってきた相撲ファンには八百長問題の発覚は誠に残念であった。

昔から千秋楽に給金直し（勝ち越し）の懸る力士の勝敗については注目が集まり、筆者も、ここ数年の間、追跡してきた。

大相撲のように1対1で勝負に挑む力士には、緊張感を持続する動機づけが必要である。日本相撲協会も最近、各場所の初日から15日間のそれぞれの日の敢闘精神に富んだ力士を入場者から回答を得て、「敢闘精神アンケート一覧」を公表している。このような試みとともに、これまでの表彰制度のほか部屋別の成績による表彰も検討に値するのではないかと考えている。それゆえに筆者は、部屋別の各場所及び年間を通しての成績トップテンを明示してきたところである。

力士の励みになる試みを表彰制度に加えることは容易に実行に移せるであろう。

土俵上の充実を目指す一方で、日本相撲協会には申請済の公益財団法人としての認定を受けるという喫緊の課題がある。その申請において評議員選出問題とともに年寄名跡の取扱いが厳しい批判をあびている。後者については、相撲界でも団塊の世代の親方が多数定年を迎えるのに較べて、年寄名跡の取得有資格者が少ないようであり、年寄名跡の「価値下落」を生じているので協会の推進してきた名跡の一括管理が容易な風向きであるにもかかわらず、つぎのような事態が露呈された。

過去にもあったとはいえ、この期に及んでも、年寄「春日山」の名跡証書が借金の担保に供されているという報道に接したのである。その間に日本相撲協会は、名跡証書の一括管理化のため、13年12月20日を期限として現在の各親方に証書提出を求めていたが、期限の20日現在、さきの春日山（元前頭・浜錦）親方のほか、鳴戸（元前頭・隆の鶴）と熊ケ谷（元十両・金親＝宮城野部屋付き）の両親方からも証書提出のなかったことを明らかにした。また、同日の理事会では、相撲協会の危機管理委員会（委員長、宗像紀夫・元東京地検特捜部長）が3親方から事情を聴取した上で、14年1月12日（初場所初日）までに証書の提出を求める方針を決めている。もともと、協会の組織統治能力が問われてきただけに、この度の3親方の名跡証書未提出という事態は、新公益法人への移行を14年1月初めと定めていた目標達成を困難にしたといわざるをえないだけではなく、日本相撲協会の新公益財団法人認定には慎重な審査が求められることを余儀なくしたといえよう。

迷走した挙句の申請に盛られた内容を叩き台にし、文科省、内閣府、日本相撲協会が叡智を出し合い、禍を転じて福となすべく将来に禍根を残さない公益財団法人・日本相撲協会の誕生を望む相撲ファンは、少なくないであろう。ところが、14年の初場所後の協会役員改選に向けて、理事候補2名と副理事候補1名を決めた「一門」もみられるように、旧態依然とした役員選挙が予想され、まだまだ日本相撲協会は前途多難な状況を脱しきれそうにないようである。

13年の名古屋場所で一区切りをつけて、この著の「まとめ」に取りかかったが、早や秋場所はもとより九州場所も終わった。

その間、白鵬の圧倒的な強さと、日馬富士の速い動きでの奮闘が光るなかで、横綱に最も近いと一時は期待された把瑠都が引退した。それだけに日本人横綱へ挑む稀勢の里をはじめ若手力士の台頭で八百長問題を忘れさせるような土俵を期待すると同時に、気懸りな日本相撲協会の改革の行方を筆者は、見守り続けることにしたい。

なお、以前の拙著『甲子園の光と陰―高校野球への提言』の出版に際してと同様に、この度も郁朋社の代表者・編集長の佐藤聡氏には懇切、丁寧なご指導をいただいたことに対して厚くお礼申し上げる。

２０１４年１月　酒井治郎

〈主な参考文献〉

・単行本など

澤田一矢編『新装版　大相撲の事典』東京堂出版　２０００年
武田和衛『大相撲！』ローカス（ローカスなるほどシリーズ）２０００年
横野麗子『お兄ちゃん―誰も知らなかった若乃花の真実』フジテレビ出版　２０００年
荒井太郎『大相撲事件史―角界は改革断行で過去の危機を乗り切ってきた！』長崎出版　２０１０年
金指基・財団法人日本相撲協会監修『相撲大辞典』第三版　現代書館　２０１１年
中澤潔『大相撲は死んだ―「過去のあやまち」を認めない人たち』宝島新書　２０１１年
武藤泰明『大相撲のマネジメント―その実力と課題』東洋経済新報社　２０１２年
友鵬勝尊『人間大鵬幸喜のいい話』ベースボール・マガジン社　２０１３年

・雑誌など
『相撲』各号　ベースボール・マガジン社
『週刊朝日』２０１２年９月７日号
『週間新潮』２０１２年10月11日号、２０１３年１月31日号

そのほか、朝日新聞、毎日新聞、日本経済新聞、読売新聞、産経新聞、日刊スポーツ、スポーツニッポンも参考にしました。

酒井　治郎（さかい　じろう）
1976年４月～1985年３月 立命館大学経営学部助教授
1985年４月～2001年３月 立命館大学経営学部教授
1994年10月　博士（経営学　立命館大学）
2001年４月　立命館大学　名誉教授
2001年４月～2002年３月 羽衣学園短期大学国際コミュニケーション学科教授
2002年４月～2007年３月 羽衣国際大学　産業社会学部教授
財務諸表論（そのほか簿記論、会計学総論、会計制度論）担当

主要著書
『詳説　財務諸表論講義』（税務経理協会、1992年・三訂版、1998年）
『会計主体と資本会計―会計学基本問題の研究』（中央経済社、1992年）
『簿記会計学入門講義』（税務経理協会、2001年）
『資本制度の会計問題―商法・会社法に関連して』（中央経済社、2006年）
『甲子園の光と陰』―高校野球への提言―（郁朋社、2010年）
『二一世紀初頭十年の大相撲―無気力相撲と不祥事・難題続出に寄せて』（文芸社、2011年）
『会計学の基本問題―会社観の株主（資本主）中心から企業本位への変遷』（文理閣、2013年）

改革待ったなしの大相撲
―2011年以降の大相撲と新公益法人化の動向―

2014年2月4日　第1刷発行

著　者 ― 酒井　治郎
発行者 ― 佐藤　聡
発行所 ― 株式会社 郁朋社
〒101-0061　東京都千代田区三崎町 2-20-4
電　話　03（3234）8923（代表）
ＦＡＸ　03（3234）3948
振　替　00160-5-100328

印刷・製本 ― 株式会社東京文久堂
装　丁 ― 根本　比奈子

落丁、乱丁本はお取り替え致します。

郁朋社ホームページアドレス　http://www.ikuhousha.com
この本に関するご意見・ご感想をメールでお寄せいただく際は、
comment@ikuhousha.com までお願い致します。

 ISBN978-4-87302-574-2 C0075